Anja Würzberg

Ich: Pfarrerskind

Für meine Töchter Charlotte und Marlene

Anja Würzberg

Ich: Pfarrerskind

Vom Leben in der heiligen Familienfirma

LVH

Umschlagfotos:
Peter Lohmeyer: Mathias Bothor/photoselection;
Hans W. Geißendörfer: Helmut Hien;
Sarah Käßmann: privat;
Gabriele Wohmann: Holger-Andre.de;
Kirche: Thomas Langreder.

Bibliografische Information Der Deutschen Bibliothek

Die Deutsche Bibliothek verzeichnet diese Publikation in der Deutschen Nationalbibliografie;
detallierte bibliografische Daten sind im Internet über http://dnb.ddb.de abrufbar.

www.lvh.de

Umschlaggestaltung und Satz: Lüddecke Graphic Design, Hannover
Typografie: Gesetzt aus der Concorde Antiqua
Druck und Bindung: MHD Druck- und Service GmbH, Hermannsburg
ISBN 3-7859-0927-6

Printed in Germany

Inhalt

Geleitwort

Landesbischöfin Dr. Margot Käßmann

Das evangelische Pfarrhaus bleibt spannend, auch im 21. Jahrhundert. Manchmal wird ja lauthals seine Abschaffung gefordert. Das sei nicht mehr zeitgemäß, Privatheit solle doch sein, sonst würde ja die ganze Familie einbezogen in den Beruf des Vaters oder der Mutter. Es entspräche der modernen Welt, eine Wohnung anzumieten und statt Residenz- nur Präsenzpflicht auszuüben. Und doch übt das Pfarrhaus eben auch heute Faszination aus. Menschen komen und gehen, es ist eigentlich immer ein »volles Haus«. Ja, gewiss, das offene Haus kann auch belasten. Es ist nicht leicht, sich abzugrenzen, Beruf und Privates zu trennen. In unseren sieben Jahren im Pfarrhaus in Spieskappel habe ich das hautnah erlebt. Lustige Szenen sind mir in Erinnerung, wunderbare, bewegende Momente, aber auch Punkte, an denen ich die Tür zuhalten wollte, das aber nicht möglich war.

Viel wurde bereits über das evangelische Pfarrhaus geschrieben. Ich denke an den umfassenden Band von Greiffenhagen. Oder auch an das ganz neue Buch, das Fulbert Steffensky herausgegeben hat: Der Pfarrer und das Pfarrhaus in der Literatur. Als Martin Luther Katharina von Bora heiratete und so das erste evangelische Pfarrhaus gründete, wollte er unter anderem deutlich machen, dass zölibatäres Leben eine Möglichkeit ist, Gott zu dienen, aber eben nur eine. Auch das Leben als Familie ist dazu geeignet und das hat das Pfarrhaus wohl erwiesen. Dabei freut mich besonders, dass Pfarrersfamilien immer wieder Lust und Liebe zu Kindern auf besondere Weise zeigen. Ja, die Kinderzahl ist auch hier geringer geworden. Und manches Pfarrhaus ist zu groß geworden für einen allein lebenden Pastor, eine allein lebende Pastorin, auch das müssen wir sehen und ernst nehmen. Aber in vielen Pfarrhäusern gibt es weiterhin eine Kinderschar, nicht mehr acht oder neun, aber doch drei oder vier und damit weit mehr als der Durchschnitt. Ja, auch im Pfarrhaus gibt es inzwischen Scheidungen und die sind oft für das Paar und die Kinder besonders verletzend und für die ganze Gemeinde schmerzhaft. Aber in vielen Pfarrfamilien – ob nun er oder sie das Amt innehat – herrscht auch ein besonderer Geist von Glaubenskraft und Solidarität untereinander und mit anderen. Häuser der Bücher und der Musik und der Auseinandersetzung mit der Welt sind das auch heute!

Warum ist es wohl so, dass das Aufwachsen in so einem Haus derart prägt? Ich denke, an den Beiträgen in diesem Buch wird zum einen deutlich: der Beruf des Vaters – heute auch der Mutter – ist nicht irgendwo anders, sondern mitten im Leben, die ganze Familie ist beteiligt, vom Flötenkreis bis zum Glockenläuten. Ja, das kann Druck ausüben. Aber es kann auch befreiend sein, Menschen prägen. Und zum anderen, Elisabeth Niejahr hat das eindrücklich formuliert: Im Pfarrhaus sind Kinder von Anfang an mit den großen Fragen von Leben und Tod, von Sinn und gesellschaftlicher Verantwortung konfrontiert.

Als Bischöfin lerne ich viele Pfarrhäuser kennen, vor allem am Sonntagmorgen, wenn ich in eine Stadt oder ein Dorf in Niedersachsen komme, das Pfarrhaus neben der Kirche liegt. Der Geist des Hauses ist immer spürbar. Oft steht da schon eine Tasse Kaffee oder Tee für den Gast, Kinder kommen und gucken sich neugierig die Bischöfin an, Kirchenvorsteherinnen und Kirchenvorsteher kommen und gehen, der Talar liegt neben dem Computer. Selten ist das ein abweisendes Haus und wenn, dann bedrückt es mich, dann ist zu spüren: Da liegt etwas im Argen.

Anja Würzberg hat im vorliegenden Buch eine interessante neue Mischung von Pfarrerskindern zusammengestellt vom Bankchef bis zur Schriftstellerin. Ich finde außerordentlich spannend, wie verschieden die Lebenswege sind und wie prägend doch auch jene Pfarrhauserfahrungen. Auch bei meiner eigenen Tochter habe ich über die Ausführungen gestaunt. Wir unterschätzen wohl oft, wie sensibel Kinder wahrnehmen und wie bewusst sie reflektieren. Insgesamt freue ich mich an den Prägungen, die entstanden sind. Mich als Bischöfin bestärkt das, am evangelischen Pfarrhaus festzuhalten. Das ist nicht nur ein wichtiger Ort für die Gemeinde, sondern eben auch prägend für Kinder im besten Sinne des Wortes. Dass es da Belastungen gibt, ist verständlich, aber die Geschichte des evangelischen Pfarrhauses ist auch eine Geschichte der Stärkung junger Menschen für die Verantwortung in der Welt.

In der Bibel werden die frühen Gemeinden ermahnt, als lebendige Steine ein geistliches Haus zu bauen (1. Petrus 2,4f.). So ein Haus der lebendigen Steine ist auch ein evangelisches Pfarrhaus. Mit allem Wissen um menschliche Fehler und Mängel, mit allem Realismus und dem Wissen um die Notwendigkeit, auch Privatleben und Abgrenzung zuzulassen, wünsche ich mir, dass das evangelische Pfarrhaus auch in Zukunft Menschen prägt, einen Mittelpunkt in unseren Gemeinden darstellt, geistliche Ausstrahlung hat, Fremde beherbergt, ein lebendiger und gastfreundlicher Ort ist in einer Welt der Abschottung und Egomanie. Und ich freue mich, wie viele Pfarrerskinder davon geprägt wurden und engagiert Verantwortung in der Welt übernehmen.

Vorwort

Der Tag, an dem ich plötzlich wusste, dass ich niemals Pfarrerin werden möchte, war der erste Tag meines Theologiestudiums.

Der Vater Pfarrer, die Mutter Pfarrerin: Da wollte ich als älteste Tochter den vertrauten Weg fortsetzen. Ich habe als Kind unter dem Altar mit Bauklötzen gespielt und Sonntags das vom Abendmahl übrig gebliebene Brot zum Mittagessen verspeist. Es schien so naheliegend, den Spielplatz meiner Kindheit zum Spielfeld späterer beruflicher Ambitionen zu machen. Also begann ich, Theologie zu studieren – zum Teil bei den gleichen Professoren wie meine Eltern. Doch schon vom ersten Tag meines Studiums an überkam mich ein Gefühl von bleierner Müdigkeit, Überdruss, Desinteresse. Alles schon gehört, alles schon gedacht, alles schon ausdiskutiert: So empfand ich es nach all den Jahren Kindergottesdienst, Jugendgruppen und Flötenkreisen. Also habe ich mein Studienfach gewechselt und bin Journalistin geworden. Jahrelang habe ich keinen Gottesdienst besucht. Jahrelang habe ich nicht in der Bibel gelesen. Die Überdosis christlicher Sozialisation musste wohl erst langsam in meinem Kopf und Herzen abgebaut werden. Aber selbst in den Jahren der Distanz gab es ein Phänomen, das mich immer wieder zum

Staunen gebracht hat: Die Begegnung mit anderen Pfarrerskindern.

Als ob es ein geheimes Zeichen gibt, erkennen wir uns. Im Studium, im Beruf, im Privatleben. »Du auch?«, lautet die belustigte Frage und schon erzählen wir uns gegenseitig von hektischen Heiligabenden, gutmütigen Friedhofsgärtnern und dem ganz normalen Wahnsinn im Alltag der »heiligen Familienfirma«. Kein Zweifel: Es gibt viele Kinder, deren Eltern weit spektakulärere Berufe haben als ausgerechnet Pfarrerskinder. Aber dennoch: Die Kindheit im Pfarrhaus scheint viele in einer Weise zu prägen, die unmittelbares gegenseitiges Erkennen ermöglicht. Egal ob kritische Distanz oder innige Identifikation mit dem Amt des Vaters (oder der Mutter): Für alle Interviewten ist dadurch der Grundton des Lebens vorgegeben. Hier ist der Fixpunkt, an dem sich das eigene Leben, die eigene Berufstätigkeit orientiert. Und einige – wie z. B. Elisabeth Niejahr und Klaus Harpprecht – sehen sich damit in einer langen Tradition.

Es gibt überraschend viele bekannte Menschen in ganz unterschiedlichen gesellschaftlichen Schlüsselpositionen, die alle eins gemeinsam haben: Sie sind Pfarrerskinder. Warum? Was lernt ein Kind im Pfarrhaus, dass es als Erwachsener in seinem Umfeld Verantwortung übernehmen und Veränderungen gestalten kann? Auf diese Frage geben die Interviewten selbst vielfältige Antworten.

Weil die Auswahl an bekannten Pfarrerskindern so groß war, habe ich mich dazu entschieden, stellvertretend für viele jeweils einen Vertreter der unterschiedlichen gesellschaftlichen Bereiche zu befragen. Und ich war verblüfft, wie spontan, interessiert und manchmal sogar begeistert die angefragten Interviewpartner das Gespräch zugesagt haben. Warum ist das so? Auch darauf geben die Interviewten selbst die Antworten.

Elf Begegnungen mit bekannten Persönlichkeiten, elf intensive – zum Teil stundenlange – Gespräche. Elf spannende

Lebensgeschichten. Elf kostbare Kindheitsfotos aus dem privaten Fotoalbum. Viele weiterführende Gespräche, Telefonate, Briefe – auch lange nach dem offiziellen Interviewtermin. Kein Zweifel: Dies sind Menschen, deren Identität von der Kindheit im Pfarrhaus unverwechselbar geprägt worden ist. Eine Kindheit, die Spuren hinterlassen hat – positive wie negative. Eine Kindheit, an die es sich zu erinnern lohnt, über die es sich zu sprechen lohnt, die auch kritisch hinterfragt werden darf, – so wie z. B. Christian Tetzlaff und Henning Harnisch es teilweise tun.

Was macht eine Kindheit im Schatten der Kanzel so spannend? In den Gesprächen mit den Pfarrerskindern offenbart sich mehr als »nur« der individuelle Lebensweg von elf bekannten Persönlichkeiten: Welche Einflüsse prägen Kinder? Welche Werte lassen unser Leben gelingen? Wie wirkt sich religiöse Erziehung auf den Lebensweg von Menschen aus? Auch darauf geben die Befragten sehr persönliche Antworten.

Ich selbst habe übrigens mittlerweile zu einem wohlwollenden Umgang mit Kirche zurückgefunden. Der christliche Glaube ist der täglich spürbare Grund, auf dem mein Leben steht. Und so kann auch ich – ebenso wie die Interviewten – gelassen und dankbar sagen: **Ich: Pfarrerskind.**

Anja Würzberg

Peter Lohmeyer

Foto: Mathias Bothor/photoselection

Fragebogen: Pfarrerskinder

Bitte vervollständigen Sie die folgenden Sätze:

1. Das Sonntagsfrühstück meiner Kindheit war...
Toastbrot mit Schokostreuseln

2. Wenn ich an mein Elternhaus denke, dann... ich mal ich
eine lange Reise

3. Das letzte Mal, als meine Umwelt mich als „Pfarrerskind" erlebt hat..., hab
ich nicht bemerkt.

4. Wenn ich heute an einer Kirche vorbeikomme, dann... muss ich
hinein und hören ob die Orgel gespielt wird

5. Ich bin (k)ein „typisches" Pfarrerskind, weil... ich gar nicht weiß
wie die sein sollen .....

Peter Lohmeyer über seine Vaterrollen und die Rolle seines Vaters

Die Kunst, einen guten Tee zu kochen

Warum der Schauspieler an keiner Kirche vorbeigehen kann

Peter Lohmeyer gehört seit Jahren zur ersten Garde deutscher Schauspieler. Er hat in zahlreichen in- und ausländischen Produktionen mitgespielt. Und spätestens seit Sönke Wortmanns »Das Wunder von Bern« ist der Charakterkopf auch ein echter Publikumsliebling: Für seine Rolle als Kriegsheimkehrer bekam er den Publikumspreis des Deutschen Filmpreises 2004 als »Schauspieler des Jahres«. Ich treffe den Mann, der in seinem Lebenslauf als Dialekt »Ruhrpott« und als Musikinstrument »Bandoneon« angibt, in seiner Hamburger Wohnung. Und gleich zu Beginn gibt es eine Überraschung:

? *Ich habe einen Mann mit Koteletten und zurückgekämmten Haaren erwartet. Und nun das: Sie haben eine Glatze! Was ist passiert?*

L: Ich habe mich zum ersten Mal dazu entschieden, für einen Film die Haare abzurasieren. In meinem nächsten Film spiele ich nämlich einen Architekten, einen Workaholic namens Sebastian Färber. Den Film macht eine junge Regisseurin aus Hannover, Franziska Stünkel und das Drehbuch basiert auf einem Theaterstück von Moritz Rinke.

? *Und warum mussten da die Haare ab?*

L: Das war eine Idee von mir. Ich habe mir gesagt: Als glatzköpfiger Workaholic fühlt man den Schweiß ganz anders. Man fühlt ihn quasi überall. Schließlich fasst man sich als Architekt nicht ständig unter die Achseln. Aber über den Kopf streichen: Das ist eine Bewegung, die normal wäre.

? *In wenigen Tagen beginnen Sie mit den Dreharbeiten. Die abrasierten Haare sind das offensichtlichste Zeichen für Ihre Vorbereitungen. Wie bereiten Sie sich noch auf die neue Rolle vor?*

L: Ich lese das Drehbuch sehr genau. Eigentlich sollte die Vorlage, die man bekommt, genug sein. Das finde ich als Schauspieler mit Schauspielschule und Theatererfahrung. Aber da ich einen Architekten spiele, der auch Skizzen zeichnet, nehme ich heute Nachmittag noch drei Stunden Zeichenunterricht und lerne mehr über bestimmte Ausdrücke und Verhaltensweisen von Architekten. Aber da muss man aufpassen und gut unterscheiden zwischen Fiktion und Realität. Man kann nicht alles so spielen, wie es einem der Architekt erklärt. Ich muss da eine Mitte finden. Und dann lese ich noch Sekundärliteratur über Workaholics. Ansonsten bereite ich mich vor, indem ich mich mit dem Drehbuch und der Regie auseinandersetze. Und wir hatten glücklicherweise mit den Partnern auch schon eine Leseprobe. So kann man schon eine gemeinsame Sprache finden für den Film. Und dann ist da noch die Kostümprobe: Was zieht man an, wie fühlt man sich darin? Was für Schuhe hat man an? Wie läuft man, wie schwitzt man, was ist das für ein Gefühl, Schweiß auf dem kahlen Kopf zu haben? Das alles ergibt zusammen ein Puzzle. Damit kann ich in die Dreharbeiten starten.

? *Lassen Sie uns über Ihre bisherigen Rollen sprechen: Sie haben auffällig viele verschiedenartige Väter gespielt: alternative Väter, autoritäre oder gescheiterte Väter. Welche Vaterrolle war Ihnen am meisten vertraut?*

L: Mir ist die Vaterrolle vertraut, bei der man überhaupt erst mal sein Vatersein *lebt*. Das ist meine eigene Rolle als vierfacher Vater. Viele Väter vergessen das. Entweder, weil sie soviel arbeiten oder weil sie von der Mutter ihrer Kinder getrennt leben oder weil es einfach nicht in ihrem Bewusstsein ist, dass man als Vater für seine Kinder da sein muss. Wenn ich meine eigene Realität abbilde, ist mir das natürlich am vertrautesten. Ich versuche, bei meinen Kindern auch ein soziales Bewusstsein zu schaffen. Und ich hoffe, dass ich das einigermaßen gut mache. Aber eigentlich würde mich diese reale Vaterrolle als Schauspieler nicht interessieren. Vielmehr zeigen 99 Prozent meiner Filme, wie man zu so einer bewussten Vaterrolle kommt.

? *Beispiele?*

L: »Das Wunder von Bern« ist so ein Beispiel. Aber auch das Remake von »Vater braucht eine Frau«[1]. Das Genre hat mich gereizt, weil ich mit diesen Filmen groß geworden bin – mit Schauspielern wie Dieter Borsche und Heinz Rühmann. Die Gemeinsamkeit aller dieser Filme: Bei jedem gab es den Ansatz einer Lösung.

? *Ist Ihnen das wichtig?*

L: Ja. Im Prinzip suche ich diesen Ansatz, Arbeit und Familie zu vereinbaren, auch persönlich jeden Tag. Dass jeder sein eigenes Glück hat. Mal hat der eine weniger, mal mehr. Mal habe ich keins. Es ist ganz lustig mit vier Kindern: Da ist es schon entspannend, wenn man mal nur ein oder zwei Kinder dabei hat. Aber auch, wenn ich mit allen vier Kindern unterwegs bin, kann das auch so eine ganz eigene Art von Entspannung sein. Das ist etwas, was viele Väter zu spät entdecken. Andere Väter warten, bis ihr Sohn groß genug ist, um mit ihm auf die Pferderennbahn zu gehen. Dabei ist das »Jetzt« wichtig. Sie wachsen einem so schnell davon, deshalb unternehme ich so viel es geht mit ihnen. Manchmal geht es einfach in den Wald, obwohl es oft anstrengend ist, sie dazu

1 2001, ARD, Regie: Matthias Tiefenbacher

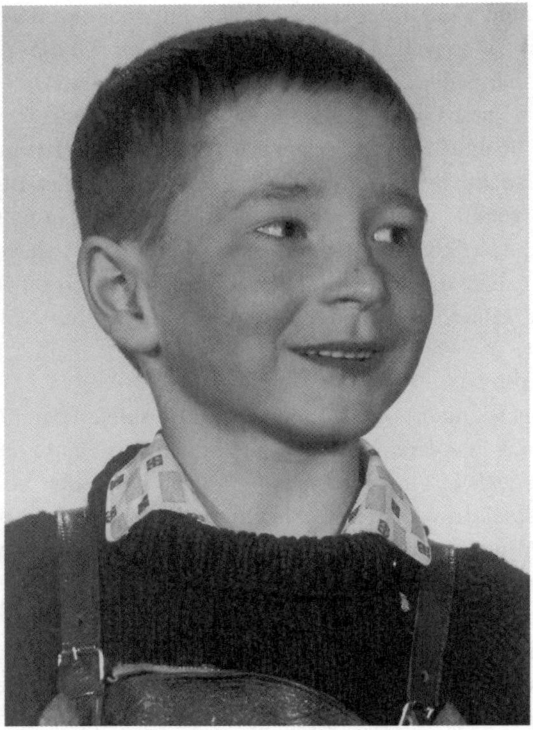

Peter Lohmeyer: »Als Kind fühlte ich mich relativ heimatlos«

zu überreden. Die Kinder schützen mich auch vor einer Art sorglosen Hektik und schaffen ein anderes Bewusstsein.

? *Nämlich?*

L: Das Bewusstsein, dass man auch eine Verantwortung für Menschen trägt. Mich entspannt das. Das Gegenteil von unseren Waldausflügen ist allerdings der Alltag zu Hause: Beim Mittagessen zum Beispiel, wenn die Kinder aus der Schule kommen und gestresst und schlecht gelaunt sind. Deshalb ist es für mich extrem wichtig, mit den Kindern rauszugehen.

? *Als Schauspieler sind Sie durch ihre Dreharbeiten entweder ganz weg von der Familie oder in den Drehpausen ganz da. Gefällt Ihnen das oder fehlt Ihnen die Regelmäßigkeit im Alltag mit den Kindern?*

L: Ich kenne diese andere Form nicht, um neun Uhr aus dem Haus zu gehen und um siebzehn Uhr wiederzukommen. Ich würde diese Rolle auch nicht derjenigen vorziehen, die ich habe. Das bedeutet natürlich auch, dass ich diesen Entfernungsschmerz sehr gut kenne. Die längste Trennung dauerte zweieinhalb Monate. Da hatte ich auf Kuba Dreharbeiten[2]. Aber das mache ich nie wieder! Immerhin bin ich ein Mensch, der aus diesem Schmerz auch Kraft schöpft: Was ist das: »vermissen«? Wenn man dieses Gefühl kennt, kann man es auch viel besser spielen.

? *In »Das Wunder von Bern« spielen Sie einen Vater, der autoritär ist, oder besser gesagt: Als Kriegsheimkehrer eine neue Autorität als Vater sucht. Hat Sie das an Ihren eigenen Vater erinnert?*

L: Ich erinnere mich oft an meinen Vater, allein schon aus Gründen der Reflektion. Sonst begeht man ja die gleichen Fehler wieder, die er gemacht hat. Wobei er natürlich nicht nur Fehler gemacht hat. Durch die Rolle im Wunder von Bern ist mir noch mal klar geworden, dass wir in Generationssystemen leben – und damit auch in Erziehungssystemen. Die Nachkriegsgeneration als ein Extrem, die 68er-Generation als das andere: Was für einen Mittelweg findet man zwischen autoritär und *Laissez faire*? Meine Rolle in »Das Wunder von Bern« hat mich dafür sensibilisiert, was Generationen mit sich herumtragen. Und dafür, wie meine Eltern groß geworden sind: Was bedeutet »Nachkriegsgeneration«? Was ist mit dieser Sprachlosigkeit? Was kann für Kinder daraus entstehen? Was machen die Kinder damit?

? *Konnten Sie darüber mit Ihren eigenen Eltern sprechen?*

L: Ja, durch den Film »Das Wunder von Bern« – durch diese Geschichte – kamen auch Gespräche mit meinen Eltern zu

2 Der Cuba Coup, Regie: Daniel Diaz Torres

Stande. Da haben sie mir zum Beispiel erzählt, wie sie als junges Paar in Bielefeld die Fenster mit Kreide zugemalt haben, weil sie kein Geld für Gardinen hatten. Da habe ich gemerkt: Die wollten auch mal geschützt und ungestört sein. Die haben auch gekuschelt...

? *War Ihr Vater ein autoritärer Vater?*

L: Ja, das kann man so sagen. Und fast ein Workaholic. Ich habe ihn an vielen Stellen vermisst, wo ich ihn gebraucht hätte. Wo ich gern was mit ihm gemacht hätte. Das war aber nicht drin. Sonst hätte er im Job abspecken müssen. Jetzt habe ich selbst vier Kinder. Und ich versuche, beides gleichzeitig in meinen Zeitplan zu bringen. Das ist schwierig. Da bleibt wenig Zeit für mich.

? *Ihr Vater war Gemeindepfarrer in Dortmund?*

L: Ja, auch. Wir sind unheimlich oft umgezogen. Und wenn er nur Gemeindepfarrer gewesen wäre, dann wär's vielleicht noch gegangen. Aber er hat sich auch immer in der Diakonie engagiert, zum Beispiel beim Diakonischen Werk Stuttgart. Und da war er auch immer mit diesen riesigen Engagement dabei, weil er auch quasi als »Manager« tätig war. Ich weiß nicht, wie viele Gemeinden er finanziell wieder saniert und zurück auf die Füße gestellt hat. Wir haben also in Wetter an der Ruhr und in Hagen gelebt, dann war mein Vater Gemeindepfarrer an der Reinoldikirche in Dortmund und schließlich hat er die Leitung vom Ludwig Steil-Hof in Espelkamp übernommen. Auch heute kann er es immer noch nicht sein lassen: Er hat in Bochum die Erneuerung der wunderschönen Stiepeler Dorfkirche verwirklicht und hilft hin und wieder in Magdeburg als Pfarrer aus. Wir sind also oft umgezogen. Als Kind fühlte ich mich deshalb relativ heimatlos.

? *Bis zu welchem Punkt haben Sie dieses Zigeunerleben mitgemacht?*

L: Bis Dortmund. Als mein Vater da weggegangen ist, war ich achtzehn. Da bin ich in Dortmund geblieben.

? *War Ihr Vater der erste Pfarrer in der Familie?*

L: Nein, meine beiden Großväter sind auch schon Pfarrer gewesen. Und meine Mutter hat, als sie meinen Vater kennen lernte, im evangelischen Buchhandel gearbeitet, zusammen mit Johannes Rau.

? *Beide Großväter Pfarrer, dazu auch der Vater Pfarrer: Haben Sie je darüber nachgedacht, diese Familientradition fortzusetzen?*

L: Nein. Bei mir stand Pfarrerwerden nie zur Diskussion. Aber letztlich spiele ich als Schauspieler ein Stück, während der Pfarrer seine Predigt »spielt«. Das ist schon ähnlich. Und zumindest gibt es da eine Offenheit, die man als Schauspieler und als Pfarrer braucht: Das ist wirklich eine absolute Parallele. Aber weil ich in den Kindergottesdienst gehen *musste*, war es fast natürlich, dass ich mich davon entfernt habe. Was ich mir als Beruf noch hätte vorstellen können, war Sozialarbeiter oder Diakon. Da habe ich viele coole Typen kennen gelernt auf Jugendfreizeiten. Das hat die Kirche für mich aufgelockert. Und diese Typen waren auch die, nach denen die Mädels geschielt haben. Deshalb hat mich dieser Beruf natürlich interessiert.

? *Sie wollten einen kirchennahen Beruf, um ein Frauenschwarm zu werden? Guter Plan!*

L: Ja, das waren auch gute Leute. Aber als ich in der Phase der Berufsfindung war, kam mir das Theater dazwischen.

? *Sie haben kurz vor dem Abitur die Schule geschmissen. Wie groß war da der Konflikt mit Ihrem Vater?*

L: Es hat ihn überzeugt, dass ich nicht nur an der Schauspielschule in Bochum, sondern auch in Hamburg angenommen worden war. Doch auch diese Schule habe ich nicht bis zum Ende gemacht: Normalerweise dauert die Ausbildung dreieinhalb Jahre, aber ich wollte schon nach zweieinhalb Jahren ans Theater. Und das klappte auch. Was will man mehr? Aber eine Ausbildung ist total wichtig! Es ist ein Glück, dass ich diese Ausbildung gemacht habe. Als mein Vater mich dann zum ersten Mal in einem Hörspiel im Radio gehört hat, war er stolz. Das hat mir meine Mutter erzählt. Er selbst hat mir das nicht auf die Nase gebunden.

? *Sie sind ein Pfarrerssohn in der Welt von Showbusiness und Glamour. Haben Sie noch eine Verbindung zur Kirche?*

L: Ja: Mein erster Bezug zur Kirche ist das Gebäude als Gotteshaus, Ruheraum, Meditationshaus. Ich kann ganz schwer an einer Kirche vorbeigehen, vor allem, wenn dort Orgel gespielt wird. Selbst, wenn man von draußen nichts hört, schaue ich doch zumindest hinein, ob ein guter Organist spielt. Es gibt nichts Schöneres: Ein guter Organist spielt in einer Kirche und ich sitze da allein in diesem Raum. Uns ist zu Hause die Musik von Bach um die Ohren gehauen worden: Alle Kantaten, das Weihnachtsoratorium und so weiter. Da muss man natürlich dann erst noch sein eigenes Verhältnis zu dieser Musik entwickeln. Aber das ist mir gelungen.

? *Und gibt es noch einen weiteren Bezug zur Kirche?*

L: Ja. Mein zweiter Bezug zu Kirche: Kirche ist für mich ein Schutz. Leider ist es ja oft kalt in der Kirche. Aber als ich mal in Spanien Dreharbeiten hatte, da war die kühle Kirche in der Hitze eine Wohltat. Oder auch das Kirchenasyl. Es ist wichtig, dass es diese Funktion von Kirche gibt.

? *Welches Verhältnis zu Kirche vermitteln Sie ihren eigenen vier Kindern?*

L: Na ja, ich gehe vielleicht vier Mal im Jahr mit meinen Kindern in den Gottesdienst – oder sagen wir mal: eher sechs Mal. Meine Töchter singen im Kirchenchor und jetzt Ostern lassen sie sich taufen – schon um sechs Uhr morgens findet der Taufgottesdienst statt! Lola lässt sich taufen, weil sie konfirmiert werden will, und Leila, weil sich ihre Schwester Lola taufen lässt und sie auch dazugehören möchte.

? *Woher haben Ihre Töchter den Wunsch, sich taufen zu lassen und konfirmiert zu werden? Wenn es nicht Ihr Einfluss ist: Ist es womöglich der Einfluss der Großeltern?*

L: Es gab nie einen Zwang und auch keinen Einfluss der

Großeltern. Das ist ganz allein *ihre* Geschichte. Bei mir dagegen war dieser Einfluss in der Kindheit sehr stark, weil mein Vater Pfarrer war und ist und immer bleiben wird. Aber die beiden Mütter meiner Kinder sind überhaupt nicht kirchlich eingebunden.

? *Und warum findet die Taufe Ihrer Töchter so früh morgens statt?*

L: In diesem Zusammenhang war das Taufgespräch mit der Pfarrerin sehr interessant. Ich arbeite ja auch nicht mit jedem Regisseur zusammen. Und mir ist es auch wichtig, mit welchem Pfarrer ich es zu tun habe. Man muss als Pfarrer aus meiner Sicht nicht unbedingt populär sein, aber bestimmte Ideen muss man gut vermitteln können. Und als die Pfarrerin im Taufgespräch dann vorschlug, um sechs Uhr morgens den Gottesdienst zu machen – und das noch mit der Umstellung auf die Sommerzeit – da habe ich mich schon gefragt: »Muss das sein?« Aber sie hat das sehr gut vermittelt: Als abgespeckte Version der Ostertradition: Erst ist es stockdunkel, dann macht man eine Kerze an, dann viele Kerzen und dann dämmert das Licht des Tages. Diese Inszenierung finde ich sehr schön. Das war eine schöne Idee und eine schöne Begegnung!

? *Viele Pfarrerssöhne spüren im Hinblick auf ihr Verhältnis zur Kirche Bitterkeit. Da braucht man gar nicht bis Nietzsche zurück zu gehen, das gibt es auch heute noch. Haben auch Sie eine Überdosis »Kirche« abbekommen in Ihrer Kindheit?*

L: Nein, überhaupt nicht. Trotzdem bin ich mir sicher, dass ich der Kirche gegenüber ungerecht bin, weil ich viel verpasse. Man könnte auch noch viel mehr gemeinsam mit anderen Leuten erleben. Aber dafür ist mein Leben zu bunt. Ich bin auch deshalb nicht verbittert, weil mein Vater zwischendurch kein Gemeindepfarrer war. Da war dann der Zwang weg. Was ich meinem Vater hoch anrechne, ist sein soziales Engagement. Bei uns an der Pfarrhaustür haben immer viele Obdachlose geklingelt. Die wollten eine Stulle oder Geld. Meine

Mutter hatte mir eingeprägt, kein Geld zu geben, sondern Hunger und Durst zu stillen. Ich war so etwa neun Jahre alt. Da habe ich allein die Haustür geöffnet und da stand ein Obdachloser. Und dann mach mal als Neunjähriger Butterbrote, koch mal einen ordentlichen Tee! Ich wusste noch nicht richtig, wie das geht. Da habe ich einfach den Wasserhahn aufgedreht und heißes Wasser in eine Tasse laufen lassen und einen Teebeutel hineingehängt. Darüber kann ich heute noch schmunzeln! Ich hoffe, der Obdachlose hat mir verziehen... Solche Erlebnisse haben mich geprägt.

Und mein Vater hat auch für Obdachlose im Gemeindehaus Weihnachtsfeiern ausgerichtet. Dadurch ist unser Familienweihnachtsfest dann quasi ausgefallen. Aber gleichzeitig gab es bei uns unterm Tannenbaum auch immer wieder den klassischen Krach. Wenn der Weihnachtsbaum geschmückt wurde, gab es immer irgendwelchen Streit.

? *Weil Weihnachten die Hauptstresszeit für Ihren Vater war?*

L: Ja, und wie kann man entspannt sein, wenn man selbst von seinem beruflichen Stress nicht mehr runterkommt? Wenn man seinen beruflichen Stress mit nach Hause bringt? Aber das muss ich mir auch selbst immer wieder sagen: »Alter, das gilt nicht! Du hast diese Kinder, komm mal runter!« Man kann ja als Achtjähriger nicht reflektieren, warum der Vater unter Druck steht. Mit dem Pfarrersein ist es ja wie mit meinem Job auch: Das reicht ins Privatleben hinein. Obwohl: Ich habe bewusst wenig mit Schauspielern zu tun, weil die immer nur den Job im Kopf haben. Manche brauchen das. Vielleicht weil sie keine Heimat, keine Familie haben. Aber für mich ist das anders.

Normalerweise findet mein Job bei uns zu Hause in der Familie nicht statt – außer zum Beispiel gestern, als ich mir die Haare abrasiert habe oder bei den Dreharbeiten von »Das Wunder von Bern«, wo mein Sohn Louis mitgespielt hat.

? *Damals – während der Dreharbeiten zu »Das Wunder von Bern« – hat Ihr Sohn Sie intensiv in Ihrer berufli-*

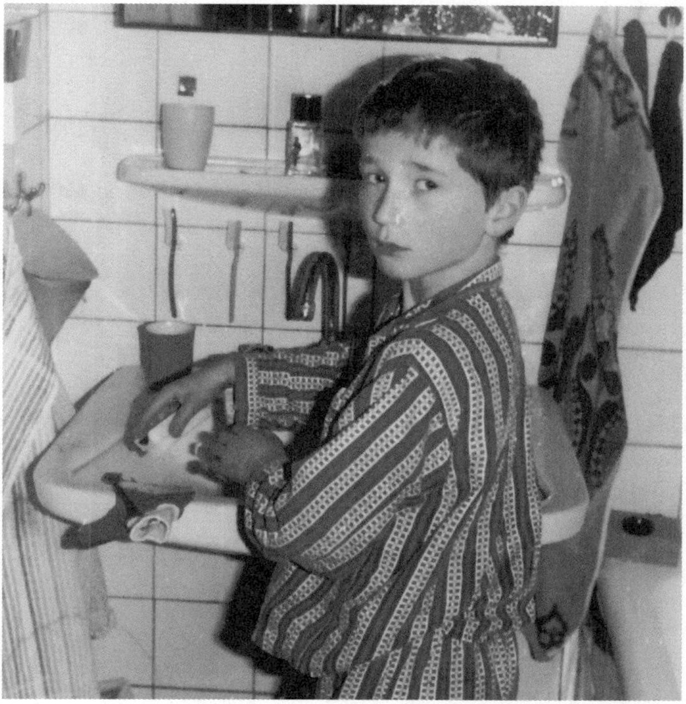

Peter Lohmeyer als Kind: »Mach mal als Neunjähriger Butterbrote, koch mal einen ordentlichen Tee!«

chen Rolle als Schauspieler und Star erlebt. Auch Sie kannten diese zwei Seiten Ihres Vaters: Als Privatmensch und als geistliche Autorität. Wie groß war die Differenz zwischen diesen beiden Rollen Ihres Vaters?

L: Im Nachhinein wünsche ich mir, ich wäre damals schon älter gewesen, so wie mein großer Bruder. Weil ich gar nicht verstanden habe, was mein Vater da oben auf der Kanzel macht. Ich habe da im Gottesdienst eher weggehört. Mein Vater hat auch nicht versucht, mir das zu erklären. Ich mache das bei meinen Kindern anders: Ich habe sie schon mal mit ans Set genommen, um zu zeigen, dass die Schauspielerei echte Arbeit ist. In meiner Wahrnehmung war das soziale Engagement meines Vaters wichtiger als seine Predigten. Das Konkrete war mir immer näher.

? *Sie haben schon auf die Parallelen zwischen dem Beruf des Pfarrers und der Schauspielerei hingewiesen. Sieht Ihr Vater diese Gemeinsamkeiten auch oder ist das für ihn ganz weit weg?*

L: Wenn es um Gemeinsamkeiten geht, dann bin eher *ich* derjenige, der sie erwähnt. Zum Beispiel kürzlich in Bochum-Stiepel, zur Feier des 75. Geburtstags meines Vaters: Da stand auch ich mal auf einer Kanzel – oder zumindest hinter so einem Pult – und habe eine Rede gehalten. Frei reden: das können übrigens nicht viele Schauspieler, aber ich kann das – womöglich durch das Vorbild meines Vaters.

? *Spüren Sie, ob Ihr Vater stolz auf Ihre Arbeit ist?*

L: Ja, da ist schon Interesse und Stolz. Aber diese Generation hat es schwer, diesen Stolz zu vermitteln. Zu sagen: »Das finde ich toll«, oder: »Das finde ich schlecht«. Manchmal lesen meine Eltern etwas über mich in der Zeitung und sagen dann: »Das hättest Du uns doch selbst schon mal erzählen können.« Zum Beispiel, wenn ich in Ihrer Nähe bin zu einer Preisverleihung oder zu Dreharbeiten.

? *Sie stehen als Schauspieler unter ständigem wirtschaftlichem Druck. Sie leben von einem Engagement zum nächsten, sie haben keine wirkliche finanzielle Sicherheit, aber die Verantwortung für eine große Familie. Das ist etwas ganz anderes als die finanzielle Sicherheit, die Sie in Ihrer Kindheit erlebt haben. Wie gehen Sie damit um?*

L: Mein Vater hat mir beigebracht, mit Geld umzugehen und eine wirtschaftliche Grundlage zu legen. Die Schauspielerei ist ein künstlerischer Beruf. Da darf man sich nicht von wirtschaftlichem Druck leiten lassen. Ich will mich nicht kaufen lassen! Zwei Jahre lang habe ich kein Fernsehen mehr gemacht, sondern nur noch Low Budget Kino. So habe ich dann

»ja« gesagt zu einem Werbespot für eine Automarke. Das hilft mir jetzt finanziell, den nächsten Film zu machen. Für die Zeit danach habe ich gerade ein Fernsehprojekt abgelehnt, obwohl mir das wieder helfen und eine gewisse Zeit Luft geben würde. Ich werde sicher kein reicher Mann, aber solange ich meine künstlerischen Ansprüche verwirklichen kann, ist das okay. Das verstehen sogar schon meine Kinder und das versteht jeder in der Familie. Auch, wenn wir zurückstecken müssen.

? *Sie sind offensichtlich kein Sicherheitsfanatiker.*

L: Ich bin so erzogen, dass ich mir das Geld nehme, wenn es da ist. Wenn es nicht da ist, dann habe ich diese Ansprüche auch nicht, dann kann ich eben kein Geld ausgeben. Das ist mein Weg: Ich habe früh die Sicherheit der Schauspielschule verlassen. Ich bin aus einem festen Theaterengagement herausgegangen, weil bestimmte Perspektiven nicht da waren. Was ich einfordere, ist ein klares, ehrliches Wort. Vielleicht wegen der Gegend, aus der ich komme – dem Ruhrgebiet. Damit bin ich auch oft auf die Schnauze gefallen, aber ich mache es trotzdem weiter.

Und ich habe auch das Glück, – das erarbeitete Glück, – dass ich mir die Rollen aussuchen kann. Wenn irgend etwas passieren würde, wenn jemand aus meiner Familie zum Beispiel pflegebedürftig würde, dann könnte es passieren, dass ich dann die Serie »*Das Krankenhaus Soundso*« drehen würde, um auch hier in Hamburg arbeiten zu können. Dann ist das auch okay. Aber: Man kann mich mit Geld nicht überallhin locken!

Peter Lohmeyer, **1962 in Niedermarsberg (Sauerland). Schauspieler. U.a.: 2005: Vineta, 2004: Schuss in Blau, Obada, Oktoberfest, Der Tag, als Bobby Ewing starb, 2003: Süperseks, 2002: Das Wunder von Bern. 2004: Deutscher Filmpreis – Publikumspreis »Schauspieler des Jahres« für »Das Wunder von Bern«.*

Johannes Rau

Foto: Büro des Bundespräsidenten a. D.

Fragebogen: Pfarrerskinder

Bitte vervollständigen Sie die folgenden Sätze:

1. Das Sonntagsfrühstück meiner Kindheit war...

vor dem Kindergottesdienst

2. Wenn ich an mein Elternhaus denke, dann...

bleibe ich froh und dankbar

3. Das letzte Mal, als meine Umwelt mich als „Predigerkind" erlebt hat...

ist immer wieder und immer noch

4. Wenn ich heute an einer Kirche vorbeikomme, dann...

wundere ich mich, dass so viele Alte da sind uns so wenig Junge.

5. Ich bin (k)ein „typisches" Pfarrerskind, weil...

mein Vater kein Pfarrer war.

Ein Leben als Vorzeigeprotestant

Warum eine brennende Kirche die Schullaufbahn des Predigersohns vorzeitig beendet hat

Johannes Rau kennt in Deutschland jedes Kind: Zwanzig Jahre lang war er Ministerpräsident von Nordrhein-Westfalen, von 1999 bis 2004 Bundespräsident. Ein Spitzname hat ihn während seiner gesamten Laufbahn als Politiker begleitet: »Bruder Johannes«. Kein Wunder – galt Rau doch vielen als Sinnbild des christlichen Politikers, als Brückenbauer und Versöhner. Nach dem Ende seiner Amtszeit als Bundespräsident erkrankt Rau schwer. Ein Mann, der jahrzehntelang in der Öffentlichkeit präsent war, verschwindet plötzlich von der Bildfläche. Viele vermissen ihn, schreiben ihm Briefe. Als wir uns in seinem Büro im Berliner Regierungsviertel treffen, begegne ich einem freundlichen, geduldigen Gesprächspartner, dem man seine schwere Krankheit immer noch ansieht.

? *Herr Rau, wenn man an deutsche Pfarrerskinder denkt, dann denkt man unwillkürlich an Sie. Dabei sind Sie gar kein richtiges Pfarrerskind. Was genau war Ihr Vater?*

R: Mein Vater war gelernter Kaufmann, 1898 geboren. 1925 beschloss er, seine kaufmännische Karriere aufzugeben, sein Einzelhandelsgeschäft zu schließen und in den Dienst des damals wichtigen Blauen Kreuzes zu treten. Erst war er Vereins-

Johannes Rau über seinen Vater(Bild): »Er war ein ausgesprochen fröhlicher, lebensfreudiger Mensch.«

sekretär, später Bundessekretär. Das Blaue Kreuz war eine innerkirchliche, erweckliche Bewegung mit besonderen Schwerpunkten: im Bergischen Land, im Siegerland, in Württemberg, in Sachsen. Er war viel unterwegs. Nach dem Krieg 1945 hat er sich dann nicht wieder fest anstellen lassen, sondern hat als freier Evangelist gearbeitet bis zu seinem Tod 1953.

? *Ein Vater, der einen ganz ungewöhnlichen Beruf hat: freier Evangelist! Das ist eine Lebensentscheidung, die sich auch auf die Familie auswirkt. Was war für Sie als Sohn die prägendste Auswirkung dieser Berufswahl Ihres Vaters?*

R: Die äußerliche Auswirkung war, dass er wenig zu Hause war. Er war normalerweise drei Wochen unterwegs, kam dann vierzehn Tage nach Hause. Dadurch änderte sich die Stimmung im Haus: In den drei Wochen seiner Abwesenheit war man an die Mutter gebunden, in den vierzehn Tagen seiner Anwesenheit hieß es: »Seid still, der Vater muss sich vorbereiten.« Er saß dann am Schreibtisch und arbeitete. Und die innerliche Auswirkung war, dass er für mich ein glaubwürdiger Pietist war, aber ohne die sauertöpfische Art, die manche Pietisten haben. Er war ein ausgesprochen fröhlicher, lebensfreudiger Mensch, der gern lachte und erzählte. Und er hatte eine Sprachkraft, wie ich es mir wünschen würde.

? *Wie Sie es sich wünschen würden? Das sagt ein Mann, der sein ganzes Leben als Politiker auf seine Sprachkraft gebaut hat!*

R: Eher auf seinen Glauben. Mein Vater hatte die Fähigkeit, mit einer großen Sprachkraft biblische Texte auszulegen und sie der Lebenswirklichkeit von heute entgegenzustellen. Das tat er in Beispielen, mit Geschichten. Und wir Kinder haben oft da gesessen und per Handzeichen gesagt: »Das ist jetzt die vierte Geschichte. Du kannst jetzt aufhören mit Geschichten.« Er war faszinierend.

? *Ist Ihr Vater ein Vorbild für Sie gewesen?*

R: Ja, aber er ist 1953 tödlich verunglückt. Ich war damals Freier Mitarbeiter mehrerer Zeitungen. Ich bekam sofort eine Schreibhemmung, weil ich gedacht habe: »Er liest es ja doch nicht mehr.« Ich habe im Grunde für meinen Vater geschrieben.

? *Was ist dann passiert? Wer ist nach dem Tod Ihres Vaters an dessen Stelle getreten?*

R: Es gab verschiedene: Gustav Heinemann und der große Soziologe Johannes Harder – das waren die Männer, mich besonders geprägt haben.

? *Gustav Heinemann ist nicht nur Ihr politischer Ziehvater. Er ist auch der Großvater Ihrer Frau. Ist Gustav Heinemann Ihr Ersatzvater?*

R: Gustav Heinemann war ganz anders als mein Vater: Heinemann war ganz wortkarg. Wenn er sich am Telefon meldete und sagte: ›Heinemann!‹, hatte man schon gar keine Lust mehr, das Gespräch aufzunehmen. Da war mein Vater das Gegenteil. Aber trotzdem war Heinemann die prägende Gestalt in den Jahren.

? *Im Gegensatz zu Heinemann hatten die Menschen Ihnen gegenüber wohl immer Lust, ein Gespräch zu beginnen. Wie haben Sie dafür gesorgt, dass der Gesprächsfaden zwischen Ihnen und Ihrer Umwelt nie abgerissen ist? Was haben Sie getan, um die Menschen dazu einzuladen, mit Ihnen zu reden?*

R: Ich habe immer versucht, Freundschaften und Bekanntschaften lebendig zu halten. Ich war berüchtigt für meine Geburtstagsgrüße. Ich habe das Telefon sehr geliebt. Ich habe Menschen, die mir sorgenvolle Briefe schrieben, einfach angerufen – auch noch als Bundespräsident. Jetzt bin ich allerdings durch meine lange Krankheit in Verzug. Ich habe Stapel von unbeantworteten Briefen.

? *Haben Sie diese Haltung Menschen gegenüber von Ihrem Vater geerbt? War er auch ein geselliger Mensch?*

R: Ja, ohne Zweifel. Dagegen hat meine Mutter sehr viel stärker das Haus gehütet. Sie hat dafür gesorgt, dass die Kinder zu ihrem Recht kamen.

? *Ihre Mutter hat die Kinder nach dem Tode ihres Mannes allein großgezogen. Was ist der Anteil Ihrer Mutter an dem Johannes Rau, den wir heute kennen?*

R: Dieser Anteil wird völlig unterschätzt. Sie war eine starke Frau, aber sie hatte keinen Hang zur Öffentlichkeit. Sie war eine einfache Frau, eine fromme Frau. Und die Stärke der Mutterbindung spürt man erst dann, wenn die Mutter nicht mehr da ist. 1988 ist sie gestorben, 87jährig. Und ich wüsste neben meinem Vater niemanden, der unser Leben so geprägt hätte. Wenn wir heute im Geschwisterkreis zusammen sitzen – soweit wir noch leben – erzählen wir von unserer Mutter mindestens soviel wie von unserem Vater.

? *Lassen Sie uns noch mehr über die Rollenverteilung zwischen Ihren Eltern sprechen. Ihr Vater – der weitgehend abwesende – und Ihre Mutter, die zu Hause den Laden am Laufen gehalten hat: Ist das eine Rollenverteilung, die Sie in Ihr eigenes Familienleben übernommen haben?*

R: Nein, das waren andere Zeiten. Allein deshalb, weil mein Vater sechs Jahre im Krieg war und meine Mutter in der Zeit alle Verantwortung allein tragen musste – wie viele Frauen damals. Dazu kamen die Jahre der Abwesenheit durch seine Reisen. Das hat in der Wahrnehmung von uns Kindern die Mutter ein Stück weit in den Schatten gestellt. Und das wünsche ich mir für meine Ehe und meine Familie nicht. Wir sind gleichberechtigte Partner.

? *Wie drückt sich das in Ihrem Alltag aus?*

R: Wir versuchen, die gemeinsamen Mahlzeiten einzuhalten. Wir haben die Zweisprachigkeit beibehalten und gepflegt, die durch meine Frau in die Familie gekommen ist. Denn sie ist in Großbritannien aufgewachsen. Wir haben nur drei Kinder. Ich dagegen hatte noch vier Geschwister, dazu noch die zwei angenommenen: So waren wir sieben Kinder zu Hause. Und es geht bei uns legerer zu. Die Zeit, in der ich als Kind aufgewachsen bin, war eine Zeit, in der die Eltern eine Autorität waren.

? *Woran wurde das deutlich?*

R: Wir Kinder haben unseren Vater nicht einfach angesprochen. Wir konnten das zwar, aber das tat man nicht. Stattdessen haben wir gewartet, ob er auf einen zukam.

? *Und mussten Sie als Kind lange warten?*

R: Nein, das kann ich nicht sagen. Er mochte uns alle sehr. Wir Kinder waren sehr unterschiedlich. Aber es waren eben verwirrende Jahre. Ich erinnere mich daran – ich glaube, es war 1941 – da waren wir alle in der »Kinderlandverschickung«. Wir nannten das: »Kinderlandverschleppung«. Nachdem wir wieder zurückgekommen waren, saßen wir zu siebt am Tisch. Und nach dem Essen sagte mein Vater dann: »So, und jetzt betet Hartmut – das war mein jüngerer Bruder – das Vaterunser.« Wir waren alle sehr ergriffen, weil wir wieder alle zusammen waren, und Hartmut betete dann: »Vater unser, der du bist im Himmel,... und vergib uns unsere Schuld wie auch wir vergeben unseren Schuldigern. Und führe uns nicht in Erholung...« Und da war das Gebet zu Ende.

? *Weil alle lauthals lachen mussten?*

R: Ja, wir haben laut gelacht. Weil er als Siebenjähriger die Worte »Erholung« und »Versuchung« miteinander verwechselt hatte. Ein echter Freudscher Versprecher.

? *Sie haben eben erzählt, dass Sie als Kind Ihrem Vater beim Predigen Zeichen gemacht haben, wenn er mit seinen Beispielgeschichten kein Ende fand. Haben Sie sich mit dem identifiziert, was Ihr Vater da gemacht hat?*

R: Weitgehend ja. In unterschiedlichen Lebensphasen unterschiedlich stark.

? *Hat Ihr Vater sich auch mit Ihrem Tun identifiziert? Wie groß war der Schock Ihres Vaters, als Sie die Schule kurz vor dem Abitur abgebrochen haben?*

R: Er war sogar der Auslöser. Oder besser gesagt: Eine abgebrannte Kirche war der Auslöser. Das war 1948, das Jahr der Währungsreform. Mein Vater war viel unterwegs. Und dann passierte Folgendes: Ich komme abends spät von Freunden nach Hause und meine jüngere Schwester sagt: »Der Vater ist wieder da, die Kirche ist abgebrannt, in der er seine Evangelisation halten wollte.« Am nächsten Morgen kommt mein Vater zu mir und fragt mich nach dem Guten-Morgen-Gruß: »Hast du gestern Schularbeiten gemacht?« Ich sage: »Nein.« Er fragt: »Wo warst du?« Dann habe ich ihm gesagt, wo ich war. Aber er hat weiter gefragt: »Hast du vorgestern Schularbeiten gemacht? Wo warst du da?« Und nachdem ich ihm erzählt hatte, wo ich vorgestern war, sagte er: »Du meldest dich heute von der Schule ab.« Da hab ich gesagt: »Ja«. Ich war sowieso schulmüde, hatte keine Lust mehr. Also habe ich mich abgemeldet und eine Verlagslehre angefangen. Das war die Entscheidung weniger Minuten.

? *Das verstehe ich nicht. Was hat Ihren Vater dazu veranlasst, Ihnen nahe zu legen, sich von der Schule abzumelden? Was hatte die abgebrannte Kirche mit Ihrer Schullaufbahn zu tun?*

R: Nur dies: Mein Vater kam ausnahmsweise mitten in der

Johannes Rau (2. v. rechts) mit seiner Familie: »Die Zeit, in der ich als Kind aufgewachsen bin, war eine Zeit, in der die Eltern eine Autorität waren.«

Woche nach Hause zurück.

? *Da hat er also zum ersten Mal verstanden, dass sein Sohn schulmüde ist?*

R: Ja.

? *Ihr Vater ist sehr jung verunglückt. Er war erst fünfundfünfzig Jahre alt. Hatten Sie je das Gefühl, Sie müssten das, was Ihr Vater angefangen hat, weiterführen?*

R: Nein, eigentlich nicht. Als mein Vater seinen tödlichen Unfall hatte, war ich schon in der Vorbereitung auf den Beruf, der mich sehr fasziniert hat. Ich habe Verlagsbuchhändler gelernt und durfte in einem ganz kleinen Verlag alle Arbeiten machen: Vertrieb, Lektorat, Rechnungen schreiben, packen, alles.

? *Aber letztlich sind Sie doch schon bald in der Politik gelandet – von vielen tituliert als »Bruder Johannes«.*

R: Ich war immerhin zwanzig Jahre als Verleger tätig. Erst 1958 habe ich mit dem SPD-Mandat angefangen. Das hat mein Vater gar nicht mehr erlebt. Das Mandat hatte ich eigentlich nicht beabsichtigt. Ich wollte nicht Politiker werden. Ich wollte Verleger werden!

? *Nun blicken Sie dennoch auf eine lange Lebensphase als Politiker zurück: zwanzig Jahre Ministerpräsident von Nordrhein-Westfalen, dann das Bundespräsidentenamt. Beobachter sagen, es gibt drei Themen, die Sie über all die vielen Jahre beschäftigt haben: Die Versöhnung mit Israel, die Wiedervereinigung und der Dialog der Religionen. Waren diese drei Themen schon in Ihrem Elternhaus angelegt?*

R: Ja, ganz eindeutig. Dazu kommt noch mein starkes Interesse an allen Fragen der Kulturpolitik. Ja – dies alles ist im Elternhaus angelegt worden.

? *Wie hat sich das im Alltag geäußert? Ihr Vater war ja nicht oft zu Hause. Ihre Mutter hatte immerhin fünf bis sieben Kinder zu versorgen, fünf eigene, zwei angenommene: Da kann doch für intellektuelle und religiöse Themen gar nicht soviel Zeit und Kraft gewesen sein?*

R: Das Interesse kam auch eher durch die Begegnungen mit Menschen. Ich erinnere mich daran, als der erste jüdische Besucher zu uns nach Hause kam. Den haben wir Kinder ausgefragt, so gut es ging. Da lebte mein Vater noch.

? *Wer war das?*

R: Das war ein jüdischer Kaufmann aus Gießen. Ich habe auch erlebt, dass Menschen innerhalb der Gemeinde ihren Glauben wechselten. Ich habe erlebt, dass Menschen sich vom Glauben abwandten, dass man das diskutierte. Und mein Vater war ein kunstsinniger Mann. Er ging gerne ins Theater, ins Kabarett. Weil das aber verpönt war unter den bergischen Pietisten, fuhr er dafür nach Düsseldorf. Er las sehr viele Bücher über Musik. Das waren seine Themen.

? *Und das hat offenbar auf seine Kinder abgefärbt. Könnte es sein, dass Ihr Vater einen besonders intensiven Einfluss auf Sie hatte, gerade weil er oft abwesend war?*

R: Ja, eindeutig. Dazu gibt es eine Geschichte, ich weiß nicht, ob sie stimmt: Da hat mein Vater meinen älteren Bruder gefragt, wie es mir gehe und was ich so mache. Da war ich etwa neun Jahre alt. Da soll mein Bruder geantwortet haben: »Der liest gerade den Galater-Brief.« Offensichtlich war ich schon mit neun Jahren sehr stark an theologischen Themen interessiert.

? *Wie hat Ihr Vater wohl auf die Aussage Ihres Bruders reagiert?*

R: Ich glaube, dass er gelacht hat.

? *Vom neunjährigen Johannes zum 74jährigen Bundespräsidenten a.D.: Sie haben unzählige Auszeichnungen und Würdigungen erhalten. Unter anderem dafür, dass Sie die Versöhnung zwischen Christen und Juden, zwischen Israel und Deutschland vorangetrieben haben. Gab es eine Auszeichnung, von der Sie sich gewünscht hätten, dass das Ihr Vater hätte miterleben können?*

R: Ja, da gab es sicher viele. Bei allen späteren Hoch-Zeiten habe ich gedacht: »Wenn er das erleben könnte!« Alle sagten das: Meine Mutter sagte das. Meine Geschwister sagten das: »Wenn das der Vater gewusst hätte...«

? *Wie würde der Satz weiter gehen? »Wenn das der Vater gewusst hätte, dann....«?*

R: Dann wäre er stolz gewesen.

? *Wie hat er seinen Stolz gezeigt?*

R: Ein Beispiel: Meine erste politische Rede habe ich in Mettmann bei Düsseldorf gehalten. Ich fuhr mit dem Zug dahin und war zwei Stunden zu früh. Deshalb habe ich mich in die Bahnhofsgaststätte gesetzt und Zeitung gelesen. Zufällig hatte ich eine Seite mit dem Schwerpunktthema Landwirtschaft erwischt. Dann habe ich aus Spaß mit mir selbst eine Art Gedächtnisspiel gespielt: Ich habe eine Zeile gelesen, zugehalten, memoriert und geguckt, ob ich sie noch im Kopf hatte. Und nach der Lektüre dieser Zeitung war ich praktisch promovierter Landwirt. Und dann kam die Veranstaltung: Dreißig, vierzig Leute. Das Thema war eigentlich Außenpolitik.

Doch in der anschließenden Diskussion sagte einer: »Das ist ja alles sehr interessant, aber wir sind Landwirte. Was haben Sie *uns* zu sagen?« Da habe ich gesagt: »Ich bin kein Spezialist für alles. Aber sehen Sie, wenn Sie die Fleischpreise beim Schwein und beim Rind vergleichen....«, und dann habe ich die Zahlen genannt, dazu die Getreidepreise, den Export und den Import, alles, was ich in den zwei Stunden in der Bahnhofsgaststätte durch die Zeitungslektüre gelernt hatte. Mein Vater war unter den Zuhörern, weil er mich abholen wollte. Und als wir zurückfuhren in seinem kleinen Renault – ich saß hinten – gukkte er in den Rückspiegel und sagte: »Du, sag mal ehrlich Johannes, die Zahlen waren doch alle frei erfunden, oder?« Da habe ich ihm erzählt, wie ich an die Zahlen gekommen war.

? *Und wie hat er reagiert?*

R: Er war erstaunt. Er war stolz. Er war froh, dass er einen Sohn hatte, der das konnte.

? *Sie konnten nicht nur einen Abend lang vierzig Landwirte in Mettmann überzeugen, sondern auch zwei Jahrzehnte lang die Wähler in Nordrhein-Westfalen als Ministerpräsident. Und später haben Sie dann sogar ganz Deutschland als Bundespräsident überzeugt. Was ist Ihr Erfolgsrezept? Ist es, dass Sie Informationen schnell aufnehmen und zielgruppengerecht präsentieren können?*

R: Ich sage nicht nur, was mein Gegenüber hören möchte. Sondern ich sage das, was ihn interessieren könnte. Ich ärgere mich immer, wenn ich gelegentlich lese, ich hätte das Land Nordrhein-Westfalen zwanzig Jahre lang mit Anekdoten bei Laune gehalten. So leicht ist das nicht! Das war harte Arbeit. Und die habe ich gern getan. Ich war immer ein arbeitswütiger Mensch.

? *Der Hintergrund meiner Frage war, dass man als Politiker vielen verschiedenen Menschen begegnet. Sie hatten den Spitznamen ›Bruder Johannes‹. Sie wurden als jemand wahrgenommen, der brüderlich und auf Augenhöhe auf die Menschen zugeht.*

R: Das ist richtig. Das Geheimnis erfolgreicher Politik ist, dass man tut, was man sagt und sagt, was man tut. Und wenn Politik scheitert, dann fehlt es an dieser Stelle.

? *An der Brüderlichkeit?*

R: Daran, dass man nicht identisch ist im Reden und im Handeln. Das Brüderliche entsteht dadurch, dass man lernt, man ist nicht um der Politik willen da, sondern um das Leben der Menschen menschlicher zu machen. Das ist ihr einziger Zweck.

? *Worin besteht konkret Ihre Leistung? Inwiefern haben Sie das Leben der Menschen brüderlicher und menschlicher gemacht?*

R: Das müssen andere beurteilen. Das kann ich nicht selbst sagen. Ich glaube, dass es Dinge gibt, die ohne mich nicht gelungen wären. Es wäre ohne mich zum Beispiel nicht gelungen, die Bildungspolitik, die Hochschulpolitik regional so zu gliedern, dass der Zugang der Menschen zur Bildung nicht mehr schichtenspezifisch ist. Aber die Bilanz müssen andere ziehen.

? *Sie erleben jetzt als Bundespräsident a.D. die unglaublichen Umwälzungen, die Deutschland momentan erlebt. Wir stehen vor Neuwahlen*. Was für ein Gefühl haben Sie, wenn Sie auf die aktuelle politische Landschaft schauen?*

R: Ich bin nach dem Ausscheiden aus dem Amt des Bundespräsidenten nicht wieder politisch aktiv geworden. Ich bin nicht wieder Mitglied der SPD geworden, so wie Richard von Weizsäcker nicht wieder Mitglied der CDU geworden ist. Und ich halte mich mit aktuellen Bemerkungen ganz zurück. Es sei denn, dass Betroffene mich ansprechen – der Kanzler oder die Oppositionsführer. Aber mein Eindruck ist, die Politik kann gegenwärtig ihre Orientierungsfunktion nicht wahr-

* Das Gespräch wurde im Juni 2005 geführt. Damals war es das innenpolitische Topthema, dass Bundeskanzler Gerhard Schröder durch ein absichtlich herbeigeführtes Scheitern der Vertrauensfrage die Auflösung des Parlaments und Neuwahlen erreichen wollte.

nehmen. Weil sie zu hektisch, zu publizitätsnah und zu wenig publikumsnah ist.

? *In der Öffentlichkeit ist oft das Klischee bedient worden: Johannes Rau, der Predigersohn aus den Bergischen Land, der bibelfeste und bibeltreue »Bruder Johannes«. Gab es Situationen in Ihrem Leben, wo Sie dieses Klischee geärgert hat?*

R: Ja, natürlich. Sie hat mich immer geärgert, diese Klischeehaftigkeit: der pilstrinkende, bibelfeste anekdotenreiche Junggeselle. Das war nicht mein Selbstbild.

? *Wie hätten Sie sich gerne gesehen?*

R: Etwas umfassender.

? *Welche Aspekte Ihrer Persönlichkeit hätte die Öffentlichkeit aus Ihrer Sicht stärker wahrnehmen sollen?*

R: Zum Beispiel zum Stichwort Junggeselle: Ich habe erst mit einundfünfzig Jahren geheiratet. Das sah immer so aus, als sei ich ein Hagestolz. »Der hat es nicht mit den Mädchen«, haben sie gesagt. Aber das waren alles Zerrbilder.

? *Das heißt, es gab durchaus Beziehungen vor Ihrer Ehe?*

R: Einige Beziehungen sind zum Glück nicht öffentlich geworden. Aber das ist auch in Ordnung. Solange meine Frau es weiß und ich es weiß, ist das gut.

? *Ihre Kinder sind jetzt die nächste Generation. Die drei erleben ebenso wie Sie damals einen häufig abwesenden Vater, der viel reist, viel in der Öffentlichkeit steht, Reden hält. Ist das Zufall?*

R: Nein, ich weiß nicht, wie man das nennt. Aber Zufall ist das nicht. Aber es ist Lebensführung. Meine Frau und ich haben Wert darauf gelegt, dass wir für die Kinder immer erreichbar waren. Gerade weil wir viel unterwegs sein mussten. Das sind wir auch bis heute. Jedes der drei Kinder weiß, dass ich jetzt hier am Schreibtisch sitze. Jedes der drei Kinder weiß, wann ich wieder zu Hause bin und wohin ich morgen gehe. Da haben wir ein gut funktionierendes System entwickelt.

? *Ist das ein System, das Sie zur Nachahmung empfehlen können?*

R: Ganz dringend, ja.

? *Wie funktioniert das technisch? Schicken Sie an alle eine SMS?*

R: Nein, ich habe einen Wochenplan. Der hängt an meiner Pinnwand und da wird jeder Termin eingetragen. Den hat meine Frau auch. Meine Frau ist jetzt in diesen Minuten zum Beispiel im Bundeskanzleramt. Sie ist ja die Sonderbeauftragte des Bundeskanzlers für die Fluthilfe.

? *Führt Ihre Frau die Aufgaben weiter, die Sie mit dem Ende Ihres Amtes als Bundespräsident abgelegt haben?*

R: In einigen Fällen und auf einigen Feldern: ja. Ich würde es mir sogar noch stärker wünschen. Aber sie kann das jetzt nicht. Wir hatten meine lange Krankheit zu bewältigen und wir sind umgezogen. Immerhin: Sie hat diese Funktion als Sonderbeauftragte, sie hat eine Reihe von Patenschaften und Schirmherrschaften. Ich bin darüber sehr froh.

? *Sie haben es gerade erwähnt: Sie haben eine lange Krankheit bewältigt. Und jede Krankheit ist eine tiefe Zäsur im Leben. Manchmal auch eine Weggabelung, an der man darüber nachdenkt, in welche Richtung man gehen will. Wie hat sich diese Zäsur auf Ihr Leben ausgewirkt?*

R: Es hat Tiefen gegeben in diesen zehn Monaten, die ich nicht beschreiben will. Und es hat Zuversicht gegeben, die ich nicht mir selber verdanke.

? *Sondern wem verdanken Sie diese Zuversicht? Ihrer Familie?*

R: Noch tiefere Zuversicht.

Johannes Rau, **1931 in Wuppertal-Barmen. Von 1999 bis 2004 Bundespräsident. 1978-1998 Ministerpräsident des Landes Nordrhein-Westfalen, 1970-1978 Minister für Wissenschaft und Forschung des Landes Nordrhein-Westfalen.*

Elisabeth Niejahr

Foto: privat

Fragebogen: Pfarrerskinder

Bitte vervollständigen Sie die folgenden Sätze:

1. Das Sonntagsfrühstück meiner Kindheit war...

meistens früh und es ging hektischer zu als an Werktagen.

2. Wenn ich an mein Elternhaus denke, dann...

bin ich dankbar für alles was ich dort gelernt und erlebt habe.

3. Das letzte Mal, als meine Umwelt mich als „Pfarrerskind“ erlebt hat...

haben wir im Büro über Hartz IV gesprochen

4. Wenn ich heute an einer Kirche vorbeikomme, dann...

habe ich das Gefühl, in vertrauter Umgebung zu sein.

5. Ich bin (k)ein „typisches“ Pfarrerskind, weil...

weil ich immer noch bei Begegnungen mit anderen Pfarrerskindern erstaunliche Gemeinsamkeiten feststelle.

Liebe und andere Katastrophen

Wie einen das Leben im Pfarrhaus auf die knallharten Machtspiele der Berliner Politik vorbereitet

Elisabeth Niejahr hat ihr Büro unweit des Berliner Reichstagsgebäudes. Die Journalistin mit dem besonderen Interesse für sozial- und wirtschaftspolitische Themen geht seit Jahren bei allen wichtigen Politikern ein und aus: erst als »Spiegel«-Korrespondentin in Bonn, seit 1999 als Wirtschaftskorrespondentin für die Wochenzeitung »Die Zeit«. Als Buchautorin verschafft sie ihren Lesern einen entlarvenden und amüsanten Blick hinter die Kulissen der großen Politik[1] und entwirft Zukunftsvisionen für eine alternde Gesellschaft[2].

? *Zehn Jahre Politikberichterstattung: Wird Ihnen das nicht langsam langweilig?*

N: Überhaupt nicht! Eigentlich halte ich viel davon, alle paar Jahre etwas Neues zu machen. Aber mir fällt leider nichts ein, was mir mehr Spaß bringen würde. Ich bilde mir ein, dass man hier, im Berliner Politikbetrieb, nicht nur etwas über Ge-

---

1 Elisabeth Niejahr, Rainer Pörtner, »Joschka Fischers Pollenflug und andere Spiele der Macht. Wie Politik wirklich funktioniert.« Eichborn Verlag, Ffm. (2002)

2 Elisabeth Niejahr, »Alt sind nur die anderen. So werden wir leben, lieben und arbeiten.« S. Fischer Verlag, Ffm (2004)

setze und Verordnungen lernt, sondern auch über Menschen. Das ist es, was mich am meisten an meiner Arbeit reizt. Viele Konflikte, die jeder aus seinem Alltag kennt, werden hier wie unter einem Brennglas ausgetragen. Dazu gehört auch einiges, wovon die meisten Menschen eher angewidert sprechen und sagen: »Politik ist ein schmutziges Geschäft«. Aber Intrigen und Machtkämpfe gibt es auch in Unternehmen, in Redaktionen, in Familien, in Wohngemeinschaften oder sogar in Altersheimen. Ich glaube, dass Politiker nicht besser oder schlechter sind, als der Rest von uns.

? *Birgt diese Nähe zu den Intrigen der Mächtigen nicht auch eine Gefahr?*

N: Ohne eine gewisse Nähe kann man keine guten Geschichten schreiben. Nähe ist gut, Kumpanei ist schlecht. Wo da im täglichen Geschäft die Grenzen liegen, hat mich von meinem ersten Arbeitstag an immer wieder beschäftigt. Ich habe mit achtundzwanzig Jahren in Bonn beim »Spiegel« angefangen. Ich hatte eine Ausbildung zur Wirtschaftsjournalistin hinter mir und bin damals eher zufällig in einem Parlamentsbüro gelandet. In meinen ersten Arbeitswochen hat mich ziemlich erstaunt, wie distanzlos ganz unterschiedliche Bonner Journalisten und Politiker damals miteinander umgingen und wie privat einige miteinander waren. Beim »Spiegel« gehörte zum Alltag, dass Politiker sehr geschickt versuchten, Geschichten von sich aus zu lancieren. Ich habe schnell einiges darüber gelernt, wie Politik und Medien sich gegenseitig instrumentalisieren und habe mir damals unter anderem vorgenommen, Job und Privatleben strikt zu trennen. Ich habe auch gelernt, dass man als Journalist nicht das Interesse, das dem Medium gilt, verwechseln darf mit dem Interesse für die Person.

? *Wo ist da Ihre persönliche Grenze?*

N: Ich habe zum Beispiel noch nie einen Politiker in meiner Privatwohnung empfangen. Ich käme nicht auf die Idee, einen Abgeordneten zu meinen Geburtstagen einzuladen. Viele Journalistenkollegen sehen das lockerer. Es gibt nur wenige

Politiker und Pressesprecher, die ich duze. Trotzdem treffe ich mich natürlich mit diesen Leuten abends auf ein Bier, und natürlich entstehen über die Jahre auch viele Sympathien. Aber auch Politiker, die ich gut finde, müssen ja damit rechnen, dass ich sehr kritisch über sie schreibe. Und ich möchte gar nicht erst die Erwartung wecken, dass es anders sein könnte, bloß weil ich nett zu jemandem bin oder sie zu mir.

? *Fällt Ihnen das schwer?*

N: Nein, im Gegenteil. Ich finde es sehr entlastend, wenn man für seine Arbeit Regeln hat. Im Übrigen habe ich es aber auch relativ leicht gehabt, weil ich sowohl beim »Spiegel« als auch bei der »Zeit« bei Medien gearbeitet habe, mit denen die Politiker gern im Gespräch sind.

? *Was ist das Besondere an Ihrem Schreibstil und an Ihrem Zugang zur Berliner Politik?*

N: Ich möchte einerseits gern inhaltliche Debatten über sozialpolitische Fragen führen, diese Themen aber auch mit dem Blick auf die Politik und ihre Zwänge verbinden. Einige soziale Fragen liegen mir am Herzen – die Frage zum Beispiel, was wir unter Armut verstehen und wie wir verhindern können, dass so viele Leistungen des Sozialstaats an die Falschen gelangen. Ich finde es großartig, wenn Themen oder Thesen später auch von anderen, von Politikern oder von anderen Journalisten, aufgegriffen werden. Das gelingt nur manchmal, freut mich aber immer sehr.

? *Ist das nicht schon fast eine Politikerrolle?*

N: Sagen wir: eine publizistische Rolle. »Zeit«-Redakteure sind nicht ausschließlich Berichterstatter. Sie können auch Thesen und neue Themen in die öffentliche Debatte tragen.

? *Ein Sprung zurück: Erzählen Sie von Ihrem Elternhaus.*

N: Ich bin 1965 in der schleswig-holsteinischen Kleinstadt Eutin geboren. Ich bin das älteste von drei Kindern eines Pastoren und einer Lehrerin. Während meiner Kindheit war die evangelische Kirche sehr wohlhabend. Das waren wirklich die goldenen sechziger Jahre mit vielen Kirchensteuerzahlern.

Wir wohnten in einem tollen großen neuen Haus neben einer neuen Kirche und einem neuen Gemeindehaus. Wir hatten ein riesiges Grundstück. Das Haus lag auf einem Berg mit einem wunderschönen Blick auf den Eutiner See. Die Kinder aus dem Dorf kamen zu uns, um bei uns zu spielen. Es gab viel Spielzeug und im Garten Spielgeräte. Der Spielplatz der Kirchengemeinde lag direkt neben dem Pfarrhaus, das zog auch viele Kinder aus der Nachbarschaft an. Für uns Pastorenkinder war das toll. Ich war ein ziemlich altkluges Kind, vermutlich weil ich viel mit Erwachsenen zusammen war. Bei uns war immer viel Besuch im Haus. Außerdem habe ich gern mit älteren Kindern gespielt und als kleines Kind viel Zeit mit dem Küster verbracht, einem Herrn Buck. Wenn er auf dem Kirchgrundstück etwas zu erledigen hatte, bin ich oft hinterhergestiefelt. Ich erinnere mich auch daran, dass er mich als kleines Kind manchmal auf den Altar gesetzt hat, wenn er in der Kirche aufräumte.

? *Wann hat das angefangen, dass Sie aktiv mitgemacht haben im Gemeindeleben?*

N: Schon als ich gerade laufen konnte, war ich auf Kirchenfreizeiten mit dabei, die mein Vater mit Jugendlichen in Skandinavien gemacht hat. Und dann gab es bei uns häufig Feste, Erntedank zum Beispiel oder einmal im Jahr ein Kirchweihfest. Auf dem Dorf war das eine große Sache. Es gibt Fotos von mir, auf denen ich schon als Kleinkind zwischendrin rumkrabbele. Außerdem war ich schon als relativ kleines Kind regelmäßig im Kindergottesdienst, sang im Kinderchor und habe bei Krippenspielen mitgemacht. Es war immer selbstverständlich, dass die Kinder vom Pastor sich bei solchen Sachen beteiligen. Gemeinsam mit meiner Schwester habe ich auch häufig Blumen gestreut für Paare, die von meinem Vater getraut wurden. Soweit ich mich erinnere, hat er das Brautleuten manchmal regelrecht angeboten; er war wohl ziemlich stolz auf uns. Wir waren damals auch wirklich süße Mädchen. Meine Mutter hatte uns weiße Kleider mit Blümchen drauf

Elisabeth Niejahr (rechts) mit ihrer Schwester als Blumenkind: »Ich war sauer, weil ich als Größere immer vor dem Bräutigam gehen musste.«

genäht. Und ich war sauer, weil ich als Größere immer vor dem Bräutigam gehen musste.

? *Das ist eine exponierte Rolle für ein kleines Mädchen! Haben Sie das auch so empfunden als älteste Pfarrerstochter: dass sie beobachtet werden und sich in einer bestimmten Art und Weise verhalten müssen?*

N: Absolut. Das mussten wir immer. Ich erinnere mich noch an eine Situation, als es schief gegangen ist. Da gab es ein Krippenspiel und meine Schwester und ich waren die Engel. Während des Weihnachtsgottesdienstes mussten wir auf der Altarseite der Kirche sitzen, gegenüber der Gemeinde. Meine Schwester und ich waren noch ziemlich klein, wir haben uns furchtbar gelangweilt und haben deshalb angefangen, aus dem Programm für den Gottesdienst Papierschiffe zu falten. Hinterher gab es am Heiligabend ein Donnerwetter, weil wir meinen Vater angeblich vor der ganzen Gemeinde blamiert haben.

? *Und wie hat Ihre Mutter reagiert?*

N: Meine Mutter war weniger streng als mein Vater, aber sie hat ihm oft nicht widersprochen. Wenn er geschimpft hat, hat sie nicht gesagt: »Ist doch nicht so schlimm.« Aber wenn er nicht da war und sie die Regie hatte, ging es nicht so streng bei uns zu.

? *Wie war Ihr Verhältnis zu Ihrem Vater damals, als Sie ein Kind waren?*

N: Ich habe ihn bewundert und auch ein wenig gefürchtet. Ich bin ihm sehr ähnlich – auch äußerlich. Vielleicht lag es daran, dass er von mir immer viel erwartet hat und ich nur sehr selten das Gefühl hatte, dass er mit mir zufrieden war. Ich habe jedenfalls sehr lange um seine Anerkennung gekämpft. Er hätte es übrigens gern gehabt, dass ich wie er selbst Theologie studiere. Wenn er Artikel von mir in der »Zeit« oder im »Spiegel« las, die ihm gefielen, hat er mich manchmal angerufen und gesagt: »Du wärst auch gut auf der Kanzel gewesen!« Das war nicht nur als Spaß gemeint.

? *Ihr Vater auf der Kanzel: Wie war Ihr Gefühl, wenn Sie ihn predigend erlebt haben?*

N: Einerseits normal, Arbeitsalltag eben. So wie es für andere Kinder normal ist, dass der Vater als Tankwart oder als Arzt arbeitet. Zu diesem Alltag gehört zum Beispiel, dass Heiligabend der stressigste Tag im Jahr ist, weil der Vater besonders viel zu tun hat, die Mutter im Kirchenchor unentbehrlich ist und die Kinder rechtzeitig für das Krippenspiel ihr Hirten- oder Engelskostüm finden müssen. Oder dass die Eltern nie am Sonntag ausschlafen. Dass man, wenn man selbst nicht im Gottesdienst ist, spätestens von den Kirchenglocken geweckt wird. Der Vater auf der Kanzel – ich fand das toll, hatte aber auch damit zu kämpfen, dass andere ihn als autoritär empfunden haben. Das betraf vor allem Konfirmanden, die damals auf der gleichen Schule waren wie ich. Als Teenager habe ich es nicht immer leicht gefunden, dafür gerade zu stehen. Damals war der Dorfpastor eine große Autorität, jedenfalls auf dem Land im Schleswig-Holstein der späten siebziger Jahre. Das halbe Dorf hat ihm seine Sorgen und Nöte erzählt oder bei Trauungen und Hochzeiten sehr persönliche Augenblicke mit ihm geteilt. Etwas von diesem Sonderstatus hat sich auch auf die Familie übertragen.

? *Heißt das, dass Sie auch bei Ihren Altersgenossen eine Art Seelsorger-Rolle übernommen haben?*

N: In einem Pastorenhaushalt wird man mit einigen schwierigen Seiten des Lebens recht früh konfrontiert. Erstens erlebt man, dass wildfremde Menschen ins Haus kommen und ihr Herz ausschütten. Man erfährt, dass es normal ist, über zwischenmenschliche Probleme, über Ehestreit oder Familienkonflikte zu sprechen und entwickelt auch relativ früh ein Vokabular dafür. Zweitens habe ich als prägend empfunden, dass man in einem Pastorenhaushalt sehr früh mit Sinnfragen konfrontiert wird – und mit wuchtigen Themen wie Tod, Liebe, Glaube, Hass, Fanatismus. Es ist jedenfalls schwer, solchen Fragen auszuweichen. Bei Gesprächen mit anderen Pfarrerskinder habe ich häufig festgestellt, dass sie das ähnlich erlebt haben. Pastorenkinder lernen früh, dass neben Geld und ökonomischen Zwängen eine Menge andere extreme Kräfte das Leben von Menschen verändern können. Nicht nur Liebe, sondern auch diese ganzen anderen Katastrophen.

? *Denken Sie dabei auch an die Terroristin Gudrun Ensslin?*

N: Ich kann mir schon vorstellen, dass die Erziehung im Pfarrhaus auch den Hang zum Extremen befördern kann. Man wächst ja zum Beispiel schon als Kind auf mit Geschichten und Bildern von Jesus, der für seinen Glauben gekreuzigt wurde. Eigentlich eine unglaublich grausame Geschichte, die vielleicht nicht jedes Kind gleich gut verarbeitet. Neben der Botschaft der Bergpredigt und dem »Liebe Deinen Nächsten« steht die Botschaft: Für Überzeugungen, für den Glauben, muss man manchmal das eigene Leben opfern. Es kann schon sein, dass das für Menschen wie die Pfarrerstochter Gudrun Ensslin prägend war. Ich glaube jedenfalls, dass es viele Menschen gibt, die sich ihr Leben lang nie fragen: »Was willst Du eigentlich wirklich?«, »Ist etwas gut oder böse?«, »Was ist das Böse im Menschen?«. Als Pastorenkinder kommen wir an diesen Fragen nicht vorbei. Gespräche über solche Themen gehören im Pfarrhaus zum Alltag. Was man dann daraus macht, kann ganz unterschiedlich sein. Aber diese Erfahrung teilen viele Pastorenkinder.

? *Ihre Eltern haben sich scheiden lassen, als Sie zwölf Jahre alt waren.*

N: Mein Vater war einer der ersten innerhalb der nordelbischen Kirche, der geschieden wurde. Meine Eltern haben die Scheidung sehr lange hinausgezögert. In dem Bewusstsein, dass man so etwas als Pastor eigentlich nicht tut und dass es die Kirchengemeinde irritiert. Beide Eltern haben mit uns Kindern darüber geredet, dass es speziell für einen Pastor schwierig ist, beispielsweise eine Trauung durchzuführen und selbst geschieden zu sein. Mein Vater musste die Kirchengemeinde wechseln und aus unserer Heimatstadt wegziehen. Das war schon ein sehr elementarer Einschnitt.

Elisabeth Niejahr mit ihrem Vater: »Bei meinem Vater waren die Grenzen zwischen Privatleben und Beruf immer extrem fließend.«

? *Wie ging es dann weiter?*

N: Meine Mutter zog mit uns Kindern in eine benachbarte Kleinstadt, wo sie eine Stelle als Lehrerin hatte. Und ich verbrachte einen Tag pro Woche bei meinem Vater, den Tag, an dem ich Konfirmandenunterricht bei ihm hatte. Außerdem bin ich oft am Wochenende bei ihm gewesen.

? *War diese Scheidung schmerzlich für Sie?*

N: Mein Vater hatte sich von dem Tag der Trennung an ganz bewusst zwei Tage pro Woche für seine Kinder reserviert. Und wie das manchmal bei Familien ist: Wenn ein Vater sich ein Zeitfenster reserviert, hat man mehr von ihm als in einer pro forma funktionierenden Familie mit einem sehr vielbeschäftigten Vater. Deshalb haben wir Geschwister in dieser Zeit von unseren Eltern nicht weniger Aufmerksamkeit und Zuneigung erfahren. Im Gegenteil: Sie waren sich sehr bewusst, wie schwierig die Situation für die Kinder war.

? *Fanden Sie das damals beschämend oder heuchlerisch, dass Ihre Eltern – obwohl ihr Vater Pfarrer war – geschieden waren?*

N: Ich habe es so in Erinnerung, dass meine Eltern uns damals gut erklärt haben, dass so etwas passieren kann. Der Zeitgeist spielte sicher auch eine Rolle. Scheidungen waren noch selten und einige Bekannte fanden es auch interessant, was da passierte und haben es auch als Akt der Befreiung und Selbstständigkeit von Frauen dargestellt. Meine Mutter selbst hat das zwar nicht getan. Aber es war eine andere Zeit, in der viel von »Selbstverwirklichung« die Rede war und man manches anders sah als heute. Das hat auf mich als Teenager sicher abgefärbt.

? *War durch die Scheidung Ihrer Eltern Ihre Kindheit zu Ende?*

N: Das weiß ich nicht. Aber es begann ein anderes Leben. Wir Kinder sind mit meiner Mutter in eine Gegend gezogen, in der überwiegend Sozialhilfeempfänger und alleinerziehende Frauen mit Kindern wohnten. In unserer Nachbarschaft gab es viele – wie ich heute sagen würde: verwahrloste Kinder. Ein schwieriges Milieu, in das wir behüteten Pastorenkinder vom Dorf uns erst hineinfinden mussten. Zu Anfang wurden meine Geschwister mehrfach verprügelt. Ich war alt genug, um mich zu wehren. Ich habe das im Nachhinein als sehr lehrreiche Zeit in Erinnerung. Ich habe mit typischen Bürgerkindern viel gemeinsam, aber ich habe auch die harte Welt von sozial nicht so gut integrierten Kindern persönlich erlebt.

? *Inwiefern hat Ihnen das im Laufe Ihres Berufslebens genutzt?*

N: Für einen Journalisten ist es gut, unterschiedliche Lebenswelten und Lebensentwürfe nachvollziehen zu können.

? *Und Sie haben diese unterschiedlichen Lebenswelten zeitweise parallel gelebt.*

N: Als Teenager habe ich auch ein Jahr lang bei meinem Vater in seiner Gemeinde in Kiel gewohnt. Den Einfluss gab es also weiterhin.

? *Und wie haben Sie sich am Gemeindeleben Ihres Vaters beteiligt?*

N: Bei meinem Vater waren die Grenzen zwischen Privatleben und Beruf immer extrem fließend. In der neuen Gemeinde wurde das auch noch durch die Architektur des Pfarrhauses verstärkt. Er wohnte in einem sehr schönen alten Reetdachhaus aus dem 17. Jahrhundert, in dem vorn die Kirche und hinten die Wohnung untergebracht war, getrennt durch Türen, die nur selten verschlossen waren. Schon deshalb gingen die Gemeindemitglieder bei uns ein und aus. Bei Taufen erwies sich die räumliche Nähe als besonders praktisch: Wenn ein Säugling laut schrie, brauchten die Taufeltern von der Kirche aus nur durch eine Tür gehen, schon standen sie im Arbeitszimmer meines Vaters. Manches Mal habe ich in solchen Situationen ein Baby auf den Arm genommen und habe versucht es zu beschäftigen, während die Eltern den Rest des Gottesdienstes verfolgten. Ich habe das gern getan, habe mich als Teil dieser Gemeinde gefühlt. Besonders gern mochte ich damals übrigens mit meinem Vater die Kollekte zählen. Nach dem Gottesdienst hat mein Vater das ganze Geld auf seinem Schreibtisch ausgeschüttet und wir haben die Münzen zu kleinen Haufen aufgeschichtet.

? *Erst das Kollekte-Zählen und dann das Wirtschaftsjournalismusstudium.*

N: Genau (lacht).

? *Ihr Umgang mit Nähe und Distanz: Da scheint es eine dramatische Entwicklung zu geben von Ihrem Elternhaus ohne Privatsphäre bis heute, wo Sie als Journalistin in Berlin viel Wert auf die Distanz zu Politikern legen?*

N: Darüber habe ich noch nie nachgedacht. Aber es ist schon möglich, dass das eine mit dem anderen zu tun hat. Es gibt viele Parallelen zwischen dem Beruf des Pfarrers und dem der Journalistin. Außer den Gemeinsamkeiten von Predigten und

Leitartikeln sicher auch, dass es um vergleichsweise öffentliche Tätigkeiten geht. Bei beiden Berufen besteht die Versuchung, nicht zu unterscheiden, wann Anerkennung dem Amt gilt und wann der Person. Für meinen Vater, der in seinem Beruf total aufgegangen ist, gab es da keinen großen Unterschied. Mein Vater war immer Pastor. Auch mitten in der Nacht und im Urlaub.

? *Und in dieser Hinsicht ist Ihr Vater kein Vorbild für Sie?*

N: Nein. Man muss auseinander halten, was man macht und was man ist.

? *Als weitere wichtige Prägung aus dem Pfarrhaus haben Sie erwähnt, dass Sie früh mit elementaren Themen wie Hass, Wut und Liebe konfrontiert waren. Am Anfang unseres Gespräches haben Sie geschildert, dass man in der Berliner Politikszene genau diese Themen wie unter einem Brennglas beobachten kann. Haben Sie das Gefühl, dass Ihr Elternhaus Sie auch in dieser Hinsicht gut vorbereitet hat auf ihren jetzigen Beruf?*

N: Bestimmt. Ich glaube, dass mein Elternhaus vor allem auch meine Sicht auf den Sozialstaat und auf soziale Notlagen geprägt hat. Vielleicht ist das sogar der wichtigste Einfluss. In der öffentlichen Debatte wird Armut in erster Linie materiell definiert: Entscheidend ist das Einkommen. Ich habe schon immer Bildungsarmut für ein ebenso wichtiges Kriterium gehalten. Geldmangel ist oft nicht das größte Problem von Hilfebedürftigen. Es geht oft um Menschen, die nicht genug Disziplin haben, um ihren Alltag zu bewältigen, pünktlich aufzustehen und all diese Dinge. Man kann es auch mit einem Bibelzitat sagen: »Der Mensch lebt nicht vom Brot allein.« In vielen protestantische Pfarrhäusern wird Bildung für sehr wichtig erachtet. Das war bei uns auch so. Auch als wir wenig Geld hatten, hat meine Mutter beispielsweise dafür gesorgt, dass jeder von uns ein Instrument lernt, dass wir Mädchen zum Ballettunterricht gehen und so weiter.

? *Und mit diesem Blick gehen Sie auch an die Debatte über Armut heran?*

N: Das wirkt sicher manchmal unbarmherzig. Aber wenn ich mich beispielsweise in Berlin-Neukölln bei Immigrantenkindern umschaue, verstärkt sich der Eindruck, dass denen vielfach mit Geld allein nicht geholfen wäre. Nötig wären Eltern oder Großeltern, die Geschichten vorlesen, die ihre Kinder morgens nicht ohne Socken zur Schule gehen lassen und ihnen ein anständiges Frühstück machen. Das ändert sich aber nicht unbedingt, wenn die Sozialhilfe um 50 Euro erhöht wird. Mir hat immer sehr eingeleuchtet, wie mein Vater mit Bettlern umgegangen ist, die ja häufig vor unserer Tür standen: Wenn sie gesund und kräftig waren, bekamen sie nie Geld ohne Gegenleistung. Sie mussten beispielsweise den Rasen mähen oder im Winter Schnee schippen. Wenn man will, kann man da Parallellen zur Hartz-Reform entdecken, diesem Prinzip »Fördern und Fordern«.

? *Wann sind Sie das letzte Mal als Pfarrerstochter wahrgenommen worden?*

N: Das passiert mir sehr oft. Ich staune selber darüber. Kollegen, die ebenfalls aus Pfarrhäusern stammen, sprechen mich darauf an, aber auch mit Politikern habe ich mich schon darüber unterhalten, etwa mit der Grünen-Fraktionsvorsitzenden Katrin Göring-Eckardt, die Theologie studiert hat oder auch mit Angela Merkel, die ja selbst Pastorenkind ist. Einmal habe ich spätabends mit dem Bremer Bürgermeister Henning Scherf vor den verschlossenen Türen des Vermittlungsausschusses sehr lange darüber geplaudert, mitten in einer Menge von wartenden Journalisten. Einige Kollegen haben uns beobachtet und gedacht, dass Scherf, der die Verhandlungen teilweise leitete, mir gerade tolle Exklusivinformationen gibt. Tatsächlich haben wir über die prägende Kraft von Pfarrhäusern gesprochen, über Gesangbücher und über Reisen nach Israel. Die Male, die ich ihn danach getroffen habe, hat er sich auch daran erinnert. Das

Thema Pfarrhaus scheint erstaunlich viele Menschen zu interessieren.

? *Können Sie das erklären?*

N: Heutzutage erleben die meisten Menschen Pastoren nur in Ausnahmesituationen: Bei Hochzeiten, Beerdigungen und so weiter. Das beflügelt vielleicht die Fantasie. Wer häufiger in die Kirche geht, hat sowieso eine Vorstellung davon, dass es um ein erfüllendes, lebendiges Milieu geht. Und historisch haben Pfarrhäuser oft eine wichtige Rolle gespielt, zuletzt bei der Organisation der Opposition in der DDR.

? *Geht die Pastorentochter Elisabeth Niejahr sonntags in die Kirche?*

N: Ab und zu. Ich gehe manchmal in Gottesdienste, wenn meine Schwester, die mittlerweile auch Pastorin geworden ist, predigt. Ich singe sehr gern und meistens sehr laut.

? *Inwiefern spielt der Glaube, den Sie in Ihrer Kindheit und Jugend gelebt haben, für Sie heute noch eine Rolle in Ihrem Alltag?*

N: Einerseits bete ich fast nie und bin wie gesagt selten in Gottesdiensten, andererseits bin ich ein gläubiger Mensch. Und ich werde nie aus der Kirche austreten. Ich schätze sie als soziales Korrektiv. Ich glaube, dass wir Kirchen brauchen, um Menschen Orientierung und Sicherheit zu geben. Ich bin gern zahlendes Mitglied dieser Gemeinschaft. Das gehört zu meinem Leben.

? *Wann gefällt Ihnen Kirche besonders gut?*

N: Ich mag Kirche schlicht und konservativ. Ich mag es, wenn Pastoren auf Nebensächlichkeiten und Firlefanz im Gottesdienst verzichten. Ich wünsche mir Theologen, die sich auf die Verbreitung von Gottes Wort konzentrieren. Dafür sind sie da.

? *Wie wird sich das Leben im Pfarrhaus in Zukunft verändern?*

N: Ich würde mir wünschen, dass die Pfarrfamilien weiter versuchen, sich als Vorbild zu verstehen. Pastor zu sein, ist nicht nur ein Job, sondern eine Lebensaufgabe. Ein toller Pastor kann auch durch seine Persönlichkeit wirken, und das private Umfeld spielt da auch eine Rolle. Das mag wie ein Widerspruch wirken zu dem, was ich über den nötigen Rückzug ins Private gesagt habe. Aber ich glaube, für Pastoren kann es diese Rückzugsmöglichkeiten nur eingeschränkt geben. Für mich ist das Pfarrhaus kein Ort, wo Leute irgendeiner Arbeit nachgehen, sondern auch ein öffentlicher Raum.

Elisabeth Niejahr, **1965 in Eutin. Seit 1999 Korrespondentin der »Zeit« im Berliner Hauptstadtbüro und seit 2005 stellvertretende Leiterin des Hauptstadtbüros der »Zeit«, Schwerpunkt: Sozialpolitik. Zuvor Spiegel-Korrespondentin in Bonn. Buchautorin: u.a.: »Alt sind nur die anderen«, S. Fischer, Frankfurt/ Main, 2004.*

Foto: Helmut Hien

Hans W. Geißendörfer

Fragebogen: Pfarrerskinder

Bitte vervollständigen Sie die folgenden Sätze:

1. Das ~~Sonntagsfrühstück~~ Lieblingsessen meiner Kindheit war...

   Linsensuppe mit fränk. Bratwürsten

2. Wenn ich an mein Elternhaus denke, dann...

   denke ich an den Verklärungs Tabor"

3. Das letzte Mal, als meine Umwelt mich als „Pfarrerskind" erlebt hat...

   Physikunterricht letzte Stunde vor den Ostern

4. Wenn ich heute an einer Kirche vorbeikomme, dann...

   geh ich gerne rein zum nachdenken

5. Ich bin (k)ein „typisches" Pfarrerskind, weil...

   dieser „Geburtsstand" führt zur Meditation und ernsthaften Betrachtung des Lebens weiter

Hans W. Geißendörfer über die »Lindenstraße« und ihr Vorbild im wirklichen Leben

Das beobachtete Haus

Warum der Produzent und Regisseur lieber mit Frauen zusammenarbeitet

Am Tag des Interviews war der Lindenstraßen-Erfinder Hans W. Geißendörfer nicht ganz fit: Am Tag zuvor war er zum ersten Mal in seinem Leben auf einem Karnevalszug durch Köln gefahren und hatte Kamelle geworfen: Rosenmontag – Köln im Ausnahmezustand! Zum verabredeten Interview »dopte« sich Geißendörfer mit Halsbonbons und hielt flüsternd, aber geduldig den neugierigen Fragen stand.

? *Guten Morgen, Herr Geißendörfer. Wie fühlen Sie sich heute?*

G: Beschissen – wie Sie meiner Stimme auch anhören können – und ein bisschen unausgeschlafen. Nach dem Rosenmontagszug ging es ja erst richtig los. Da habe ich mit Freunden aus der Firma und den Straßenleuten bis vier Uhr früh in irgendwelchen Kneipen gestanden. Aber fragen Sie mich bitte nicht, wo!

? *Zum ersten Mal Rosenmontagszug in Köln: Hat es Spaß gemacht?*

G: Ja, es hat Spaß gemacht! Sonst hätte ich es nicht durchgehalten. Aber am interessantesten war, in dieser riesigen Menschenmenge individuelle Persönlichkeiten zu erkennen. Also durch Augenkontakt festzustellen, dass man gesehen wird.

Und dass der Blick zurückkommt und dass man sich quasi wortlos unterhalten kann.

? *Meiden Sie denn sonst riesige Menschenmengen?*

G: Normalerweise ja. Ich gehe nicht ins Fußballstadion. Ich habe da nicht unbedingt klaustrophobische Panikstimmung, aber ich mag das nicht.

? *Warum nicht?*

G: Weil ich mich wehrlos fühle im Stadion oder auch in großen Popkonzerten. Früher hab ich das ab und zu gemacht. Aber ich hab immer versucht, Plätze zu finden, wo man ganz schnell weglaufen kann.

? *Als protestantischer Pfarrerssohn aus Augsburg sitzen Sie jetzt hier im erzkatholischen Köln auf dem Karnevalswagen. Ist das ein Kulturschock für Sie?*

G: Nein. Als protestantischer Pfarrerssohn ist man so erzogen worden, dass die eigene Religion nicht der Maßstab aller Dinge ist. Dass jede Art von Religiosität Respekt verdient. Und dass Religion ein Grundempfinden unseres Lebens und unserer Menschlichkeit ist. Ich würde nie auf die Idee kommen, mich im katholischen Köln oder auf einem Karnevalswagen deswegen nicht wohl zu fühlen, weil ich protestantisch getauft und erzogen worden bin.

? *Ihr Markenzeichen ist die schwarze Wollkappe, die ein bisschen mönchisch wirkt. Ist das ein gewollter Effekt?*

G: Weil wir hier unter Pfarrerskindern sind, erzähle ich Ihnen die wahre Geschichte: Die schwarze Wollkappe verdanke ich einem Gesundheitsproblem. Ich hatte als Kind ständig Nebenhöhlen- und Stirnhöhlenkatarrhe. Als Oberklässler war ich in Griechenland und habe dort mehrere Monate mit einem Fischer auf dessen Kutter gearbeitet. Und da kriegte ich wieder einen Stirnhöhlenkatarrh und der Fischer sagte nur: »Du musst eine Mütze tragen. Und zwar Tag und Nacht, Sommer wie Winter. Dann hast du kein Problem.« Und er hat Recht gehabt.

? *Sie scheinen keine Angst zu haben aufzufallen, wenn Sie diese Mütze immer tragen.*

G: Das war teilweise auch Protest. Wenn der Innenminister Ihnen den Bundesfilmpreis übergibt und Sie die Mütze nicht abnehmen beim Händeschütteln, dann lesen viele das als Protesthandlung.

? *Sie wurden 1941 in Augsburg geboren. Erzählen Sie von Ihrer Familie – wie war das damals in den vierziger Jahren?*

G: Mein Vater ist kurz nach meiner Geburt gefallen. Also insofern bin ich kein Pfarrerssohn, sondern ein ›Pfarrwitwensohn‹. Und meine Mutter ist dann in Ihre Geburtstadt zurück gegangen: Neustadt an der Aisch. Wir wohnten dann mit vielen Leuten in einem älteren Haus mit einem richtig großen Gewölbekeller. Da ging es vierzig Stufen runter, das waren damals richtige Backsteingewölbe. Und da waren riesige Vorratskeller: Kohlenkeller, Kartoffelkeller.

? *Das war kein Pfarrhaus?*

G: Nein, das war ein Privathaus. Und es war für uns Kinder aufregend, wenn die Sirenen klangen. Dann packten die Erwachsenen immer sehr aufgeregt die Sachen zusammen und marschierten in den Keller. Und dort hat man sich sehr sicher gefühlt.

? *Und wie ging es nach dem Krieg weiter?*

G: 1949 oder 1950 hat die protestantische Kirche ein Haus als Pfarrwitwen-Familienhaus angeboten, für wenig Miete; das »Tabor«. Und da sind wir dann eingezogen und mit uns sehr viele Pfarrerswitwen mit ihren Kindern. Dieses Haus ist das Vorbild geworden für die »Lindenstraße«: sechzehn Parteien und jeder kennt jeden…

? *Sie sind also eigentlich in einem Haus groß geworden, das nur aus Frauen und Kindern bestand.*

G: Ja – die einzigen männlichen Wesen waren die Söhne, und die waren natürlich auch Kinder.

? *Das heißt, Sie hatten gar keine erwachsene männliche Bezugsperson?*

G: Null.

? *Und wo haben Sie Ihre Rollenmodelle hergenommen, um zu lernen, wie man zu einem Mann heranwächst und wie man als erwachsener Mann fühlt und denkt?*

G: Das hat man ja nicht planmäßig gemacht. Man ist einfach älter geworden und langsam aber sicher erwachsen. Es war, glaube ich, viel einfacher für uns ohne Vorbildvater. Wir waren sehr schnell selbstständig und mussten es auch sein. Wir hatten Omas und Mütter, die Sie leichter um den Finger wickeln konnten, als möglicherweise einen strengen Vater. Und die Mütter waren einfach warm. Ich glaube, wenn man als Baby und Kind keinen Vater kennt, dann vermisst man ihn auch nicht. Ich habe nie einen Verlust gespürt.

? *Sie sind, nachdem Ihr Vater als Militärpfarrer gefallen war, mit Ihrer Mutter und Ihren zwei Geschwistern in diesem kirchlichen Pfarrwitwenhaus aufgewachsen. Gab es noch weitere Verbindungen zur protestantischen Kirche?*

G: Unsere Mutter hat versucht, uns im Sinne des Vaters, wie sie sich das zurechtgelegt hatte, zu erziehen. Selbstverständlich waren wir regelmäßige Kirchgänger. Und wir sind angehalten worden, nicht nur konfirmiert zu werden, sondern auch nach der Konfirmation noch an Jugendgruppen, dem Posaunenchor oder Orchestern teilzunehmen. Ich war lange bei den christlichen Pfadfindern. Mein Bruder leitet heute noch einen Posaunenchor. Aber bei mir gab es sehr schnell nach der Konfirmation Kritik an dem Ganzen. Ich bin dann sehr oft statt in die Kirche irgendwo in den Stadtpark oder in die Wälder spazieren gegangen. Aber das war keine fundamentale Kritik gegen das, was in der Kirche passiert. Es war einfach der Widerstand gegen die Regelmäßigkeit, am Sonntag in die Kirche gehen zu müssen. Ich habe mir gesagt: »Ich muss überhaupt nicht – ich gehe jetzt spazieren.«

? *Haben Sie sich da offen gegen Ihre Mutter gestellt? Oder haben Sie es heimlich gemacht?*

Hans W. Geißendörfer (5. von links) mit anderen Tabor-Kindern: »Ich konnte nichts tun, was nicht beobachtet wurde.«

G: Das habe ich erst heimlich gemacht. Bis es dann irgendwann ein Nachbar oder ein Bekannter meiner Mutter erzählt hat. Das war ja eine Kleinstadt und das Haus »Tabor« war auch sehr besonders: Es lag oben am Hügel. Es war so ein besonderer Platz, dem die anderen Bürger dieser Stadt teilweise mit Respekt, teilweise aber auch mit so einer besonderen Haltung begegnet sind. Ich weiß nicht, was es genau war: Da sind sechzehn Witwen, die ziehen ihre Kinder allein auf.

? *Inwiefern war das Zusammenleben dort anders als in einem normalen Mietshaus?*

G: Da wurde miteinander diskutiert – über Kinder zum Beispiel. Die Mütter und auch die Kinder kannten sich wirklich sehr gut. Man hat sich auch zum Essen eingeladen. Oder Weihnachten: Das war ein Riesenfest, wo man von Wohnung zu Wohnung gegangen ist, und genau diese Art von Gruppe hat das Haus fast verdächtig gemacht, für die »normalen«, für die anderen Leute. Und man war stärker beobachtet. Und wenn ich dann eben statt in der Kirche am Karpfenweiher saß oder einfach über die Felder gegangen bin, dann hat das natürlich irgendjemand gesehen. Ich konnte jedenfalls nichts tun, was nicht beobachtet wurde.

? *Haben Sie denn heute noch Kontakt zu ehemaligen Bewohnern des Hauses?*

G: Gerade voriges Jahre wurde das 50-jährige Jubiläum gefeiert. Etwa hundert Leute sind da zusammen gekommen. Auf diese Weise habe ich ein paar alte »Kampfgenossen« meiner Kindheit wieder getroffen.

? *Und wie war das für Sie?*

G: Gemischt. Wenn Sie diese kleine Prominenz haben, dann ist man so abgehoben. Ich will das gar nicht.

? *Dabei müssten Sie das doch gewöhnt sein: Sie saßen doch schon als Kind auf dem Präsentierteller – als »Taborianer«.*

G: Ja, aber es war nicht so schlimm. Es war einfach ein beobachtetes Haus. Und die Mütter haben sich unheimlich engagiert. Wenn den Müttern was nicht gepasst hat mit den Kindern in der Schule, dann sind sie da auch vorstellig geworden. Oder wenigstens eine davon. Aber die Lehrer wussten dann, dass hinter der einen Dame vierzehn, fünfzehn andere stecken.

? *Dann war das ja eigentlich »Frauenpower«. Und das in den Fünfzigern, als in Deutschland ja eigentlich noch nicht über Frauenpower und Emanzipation geredet wurde. Eine Zeit, in der die verheirateten Frauen von ihrer ersten Einbauküche geträumt haben.*

G: Ja, es war schon eine Art von Power. Nur waren sich die Mütter damals dessen nicht bewusst. Sie haben dafür auch nicht gekämpft. Im Gegenteil: Sie haben darunter gelitten. Weil sie alleine waren. Sie haben ihre Männer vermisst. Frauenpower heute ist ja nicht das Vermissen eines Mannes, sondern die bewusste Alternative. Die Frauen damals hatten das nicht als kämpferisches Ziel, selbstständig zu sein, sondern sie waren dazu gezwungen. Und sie haben das nicht immer gerne gemacht.

Hans W. Geißendörfer (links) mit Mutter und Geschwistern: »Ich bin eigentlich kein ›Pfarrerssohn‹, sondern ein ›Pfarrwitwensohn‹.«

? *Haben sie Ihre Mutter eher als eine traurige, leidende Frau erlebt oder als eine ausgeglichene, fröhliche Frau?*

G: Eher als eine fröhliche Frau. Meine Mutter hatte auch rheinisches Blut. Nein, als leidende Frau bestimmt nicht! Sie hatte sich in ihr Schicksal gefügt, und sie hatte ganz klare Werte, die man auch nicht antasten konnte.

? *Hat sich das auf Ihr Wertesystem übertragen?*

G: Teilweise natürlich. Aber da sind auch Werte, bei denen sich die Generationen total unterscheiden: Meine Mutter war ja noch jung, als mein Vater gestorben ist: zweiunddreißig oder dreiunddreißig Jahre alt. Und heute würde es eine 32-jährige Witwe mit drei Kindern zwar schwer haben, wieder einen Mann zu finden. Aber sie würde sich irgendwann öffnen. Aber das gab's für die ganze Generation, die bei uns im Haus gewohnt hat, nicht. Das war vollkommen undenkbar! Der gefallene Mann: das war *die* eine große Liebe, das war *die* Beziehung und die ist durch den Krieg beendet worden. Und das haben die Mütter versucht, uns mitzugeben. Es war natürlich auch so eine Art Heldentum. Das Gedenken an die Väter am Todestag: das war schon wichtig für die Damen. Und viele von denen hätten ein bequemeres Leben gehabt, wenn sie noch mal die Augen aufgemacht und eine neue Beziehung angefangen hätten.

? *Hat ihre Mutter diese rigorose, konsequente Haltung, was Ehe angeht, auf Sie übertragen? Haben Sie heute eine ähnliche Haltung?*

G: Nö. Ich war ein wilder Fuchs, aber meine Ehe nehme ich schon sehr ernst. Was heißt »ernst«, ich hatte Glück! Ich war siebenunddreißig, als wir geheiratet haben, und knapp vierzig, als unser erstes Kind kam. Ich hatte vorher viel Zeit, um mich auszutoben. Ich habe Glück, ich habe keine Abwanderungsgedanken – und habe die auch nie gehabt.

? *Wirklich Glück gehabt!*

G: Ja, ich habe vor allem Glück, dass *meine Frau* keine Abwanderungsgedanken hat.

? *Das Haus, in dem Sie aufgewachsen sind, ist also das Vorbild für die Lindenstraße: War das nicht merkwürdig, als Sie dort jetzt zum Jubiläums-Wiedersehenstreffen waren? Immerhin gibt es die Serie Lindenstraße jetzt auch schon zwanzig Jahre und hat ihre eigene Realität. Haben Sie das noch miteinander in Verbindung bringen können: Das Tabor und die Lindenstraße?*

G: Also die Lindenstraße: das ist schon eine Gemeinschaft, die ihre Besonderheiten hat, so ähnlich wie das Tabor. Jeder Taborianer weiß, dass er mit bestimmten Zügen in der Lindenstraße charakterisiert worden ist – jedenfalls die markanten. Das habe ich nie verleugnet. Und auch mich selbst habe ich mit verschiedenen Verhaltensweisen in der Lindenstraße verewigt.

? *Nennen Sie mal ein Beispiel.*

G: Benny Beimer mit all seinen Protesthaltungen, seinen Schwierigkeiten in der Schule: das hat teilweise autobiografische Elemente. Ich glaube nicht, dass man solche Figuren erfinden kann, ohne dass man das selber gelebt hat. Man erfindet Figuren nach dem, was man erfahren hat.

? *Sie sind mit lauter Frauen aufgewachsen. Ist das der Grund, warum in der Lindenstraße die Frauencharaktere häufig differenzierter dargestellt sind?*

G: Der Eindruck ist richtig. Ich habe das selbst bis vor etwa fünf Jahren nicht kapiert: Dass alle meine Hauptfiguren – auch in allen Kinofilmen – Frauen sind. Man sagt, der ist mit Frauen aufgewachsen und fühlt sich mit denen auch wohler. Das ist auch so. Ich habe viele verantwortliche Positionen mit Frauen besetzt, denen ich eher vertraue als männlichen Mitarbeitern. Das hat sich so entwickelt. Das macht man ja nicht absichtlich!

? *Das Lindenstraßenteam ist bekannt für sein Zusammengehörigkeitsgefühl. Was ist Ihr Anteil daran?*

G: Dahinter ist eine Philosophie und die ist sehr einfach: Solch einen Produktionsablauf halten Sie nur durch, wenn Sie mit Menschen umgeben sind, die Sie auch mögen. Also nehmen Sie nicht den allerbesten Kameramann, sondern Sie suchen sich einen *guten* Kameramann, den Sie auch noch als Mensch akzeptieren. Und so ist die Grundstruktur dieses Betriebes. Die einzelnen Abteilungen haben das Recht, den Nachfolger eines Mitarbeiters zu bestimmen – egal ob Maske, Garderobe oder Produktion. Wenn wir einen neuen Aufnahmeleiter brauchen, dann sucht dieser vorhandene Stab sich den aus. Ich muss natürlich den Vertrag machen, aber wenn die jemanden haben, den sie bevorzugen, den ich vielleicht nicht nehmen würde, weil ich sage: »Der ist noch nicht so erfahren«, dann würde ich trotzdem dem Team sagen: »Nehmt ihn, ihr müsst mit ihm arbeiten.« Und dann so Kleinigkeiten: Wir hatten vom ersten Tag an einen Kindergarten. Und wir haben eine Kantine gebaut, obwohl wir keine Lizenz hatten. Da kostet der Kaffee zwanzig Cent.

? *Und Sie arbeiten mit diesen hundert Menschen zum Teil schon zwanzig Jahre zusammen. Haben Sie sich gegenseitig geprägt?*

G: Da müssen Sie die Leute fragen. Also ich habe da nur meinen Job gemacht. Und den manchmal vielleicht auch gar nicht so gut. Das Wichtige ist, dass Sie die Leute ernst nehmen. Wenn Sie merken, da ist jemand unkonzentriert beim Spielen oder irgendwas stimmt nicht... Am Anfang mussten Sie die Leute fragen, was los ist. Und heute reden die Leute miteinander oder beklagen sich oder lassen ihren Kummer raus. Da müssen Sie nicht viel machen. Das entsteht. Wenn der Betreffende dann auch das Vertrauen hat, dass ihn niemand auslacht, weil er irgendwie nicht klar kommt, wenn der Vater Krebs hat... Und das sind bei uns gute Rituale, dass sich die Leute darüber auch untereinander austauschen können.

? *Hatten Sie irgendwann auch mal die Nase voll von der Lindenstraße?*

G: Nein, das gab es in dem Sinne nie. Es gab ab und zu die Lust, etwas anderes zu machen. Ich habe viel produziert. Das ist ein Ausgleich zu der Routine der Lindenstraße. Das Schwierige an der Lindenstraße ist, die Routine nur da einzusetzen, wo sie Sinn macht. Man muss bestimmte Dinge auch mal hinterfragen und sagen: »Das haben wir jetzt lange genug gemacht, das machen wir jetzt nicht mehr.« Aber aufhören? Nein! Erstens habe ich eine wunderbare Möglichkeit, das zu erzählen, was mir wirklich wichtig erscheint. Und zweitens ist die Lindenstraße eine gute wirtschaftliche Basis. Sie können zur Bank gehen und sagen: »Ich brauche für meinen geplanten Kinofilm ›*Schneeland*‹ 500 000 Euro für fünf bis sechs Jahre, bitte geben Sie mir die.« Und Sie kriegen das Geld! Ich weiß von Kollegen, die keine Dauerproduktion wie die Lindenstraße haben, die tun sich da sehr viel schwerer.

? *Sie haben eben gesagt, Sie machen unter anderem deshalb die Lindenstraße, weil Sie da das erzählen können, was Ihnen wirklich wichtig erscheint. Ist die Lindenstraße Ihre Kanzel?*

G: (lacht) Die Frage kann auch nur von einer Pfarrerstochter kommen! Na ja, ich weiß, was Sie damit meinen. Und tatsächlich hat die Serie eine Art von politischem Glaubensbekenntnis oder eine Haltung. Aber wenn wir als »Kanzel« erkennbar sind, dann haben wir was falsch gemacht.

? *Was ist das für eine Haltung, von der Sie sprechen?*

G: Das kann man auf zwei Schlagworte bringen. Das sind radikal-demokratische Grundsätze und Humanismus. Man kann Kritik an einem herrschendem Zustand üben und in bestimmten Geschichten erzählen, was gut ist. Das hat aber nichts mit Parteien zu tun.

? *Woher haben Sie Ihr Wissen was »gut« und was »böse« ist?*

G: Ich weiß es einfach. (lacht) Ich bin hundertprozentig davon überzeugt, dass Demokratie die ideale Staatsform ist. Das Christentum ist ja auch eine verführerische Möglichkeit. Wenn Sie das sehr radikal zurückdenken, dann ist das ein christlicher Kommunismus. Und das war mal eine Versuchung für mich in den Sechzigern. Da habe ich gedacht: Die bessere Form kann möglicherweise der Kommunismus sein. Dann habe ich gesagt: »*demokratischer* Kommunismus«. Aber dann hat man ja gesehen, wie die einzelnen kommunistischen Staatsformen strukturiert sind und wie grässlich sie aussehen. Und wie die Menschen da geknechtet oder unfrei sind. Und dann bin ich zur radikalen Demokratie gekommen.

? *Aber auch bei der Lindenstraße muss ja einer – nämlich der Regisseur – sagen, wo es langgeht. Wie steht es da mit der »radikalen Demokratie«?*

G: Das ist ein Missverständnis. Demokratie heißt ja nicht, dass man künstlerische Formen popularisiert oder vervielfältigt. Demokratie kann auch sein, dass man anerkennt, dass da einer in einem bestimmten Bereich der Arbeit einen Führungsanspruch hat. Der Regisseur hilft den Schauspielern, die Szenen zu gestalten. Er wäre dann undemokratisch, wenn er den Schauspieler zwingt und gegen den Willen des Schauspielers arbeitet und sagt: »Du hast keine Ahnung.« Das wäre sehr idiotisch. Wenn man jung ist, ist man vielleicht als Regisseur versucht, die Leute bis in den Mundwinkel hinein zu zwingen, was sie zu tun haben. Aber wenn Sie die ersten Kilometer Zelluloid belichtet haben, dann merken Sie: Es kommt sehr drauf an, zu beobachten und Angebote zu machen.

? *Wir haben über Demokratie gesprochen. Nun lassen Sie uns über Glauben sprechen. Wie lebt der Pfarrerssohn Hans W. Geißendörfer seinen Glauben heute?*

G: Das ist ein Prozess, der sich laufend verändert. Es gibt keinen »Bilderrahmen«, in den Sie diesen Glauben fassen könnten. Es war vor fünf Jahren so, vor zwei Jahren so, und in fünf Jahren wird es wieder ganz anders sein.

? *Dann lassen Sie uns nur über den heutigen Tag reden.*

G: Glaube reduziert sich heute darauf, dass ich glaube, dass meine Heiserkeit heute Abend schon wieder besser sein wird. Aber im Ernst: Ich kann mich stundenlang irgendwo hinsetzen und auf irgendein Thema konzentrieren oder nachdenken. Am besten ist das in einer schönen Landschaft, zum Beispiel am Meer. Ein Ort, wo wenig Ablenkung und Lärm ist. Und in dem Bereich findet das auch statt, was Sie mich fragen wollen. Es fängt beim Nachdenken über die eigene Zukunft an. Oder ich frage mich: Wie geht es meinen Kindern? Oder: Was kann ich dafür tun, dass es endlich einen Staat Palästina gibt? Oder: Was mache ich, dass da endlich Frieden ist? Das ist mein Glauben.

? *Nach allem, was Sie erreicht haben an Preisen, Auszeichnungen und Aufmerksamkeit: Gibt es etwas, dass Sie für sich persönlich in Zukunft wünschen?*

G: Ach, da gibt es so vieles. Ich habe eine ganze Menge vor. Was ich mir wünsche ist, dass die Gesundheit dafür da ist. Und ganz konkret würde ich mir wünschen, dass die ARD weiterhin Werbung für die Lindenstraße macht. Die derzeitige Plakatwerbung ist ja nicht frei von Hinterlist: Die Programmverantwortlichen haben die Lindenstraße zeitlich verschoben. Ich hoffe nur, dass das gut geht. Die ARD hat die Werbung jetzt geschaltet, damit ich nicht auf die Straße gehe und schreie: »Die Typen machen die Ikone kaputt!«

? *»Ikone« ist ein Heiligenbild. Sind Sie also in der Tradition Ihres Vaters der »Priester«, der »Bewacher« dieser Ikone?*

G: Nee. (lacht) Wenn Sie das jetzt so ernst nehmen, dann muss ich das einschränken. Das Wort habe ich wohl sehr leichtsinnig benutzt. Ich sehe mich nicht als Bewacher eines Heiligtums. Ikonen, gerade russische Ikonen, sind ein Volkskulturgut.

? *Die Lindenstraße ist auch deutsches Volkskulturgut.*

G: Na, das würde ich schon eher unterstützen. Aber damit haben wir in Deutschland ja das Problem, populäre Formate wirklich als Teil der Kultur zu sehen. Bei uns werden diese Formate immer noch etwas von oben herab betrachtet von den »Kulturschaffenden«.

? *Fühlen Sie sich nicht ernst genommen mit der Lindenstraße?*

G: Ich fühle mich durchaus ernst genommen. Aber die Kulturkritik nimmt die Lindenstraße nicht ernst: die pseudointellektuelle Kulturkritik, die in den Feuilletons tätig ist und manchmal – was die Lindenstraße angeht – mit totalem Unsachverstand urteilt. Nach Besichtigung einer halben oder ganzen Folge ist diese Art von Kulturkritik in der Lage, ein Urteil abzugeben. Was natürlich ein Schwachsinn ist.

? *Kränkt sie das?*

G: Nein, das ärgert mich bestenfalls. Es kränkt mich nicht. Früher hat das mal weh getan. Teilweise ist das bei den Feuilletonisten eine Verachtung des Publikums. Sie haben den arroganten Blick von oben. Und sie haben keinerlei Beziehung zu den Leuten, die die Kultur aushalten müssen – normales Publikum wie meine Mutter. Die ist allerdings schon vor knapp dreißig Jahren gestorben.

? *Das heißt, Ihre Mutter hat die Lindenstraße nicht mehr kennen gelernt. Was glauben Sie hätte Ihre Mutter zur Lindenstraße gesagt?*

G: Wenn das alle mögen, dann hätte sie das auch gemocht. Aber ich erinnere mich, dass sie sehr viel Angst hatte, als ich als angestellter Regisseur angefangen habe zu arbeiten. Sie war da sehr in den Klischees gefangen: Filme machen – das hatte für sie etwas mit schönen Frauen zu tun und mit wilder Liebe. All das, was um Gottes Willen nicht in ein Pfarrhaus passt. Aber die »Lindenstraße« – die hätte sie sehr schnell kapiert.

? *Wäre sie jetzt stolz auf ihren Sohn?*

G: Oh ja, das würde ich schon sagen. Als sie nach meinem ersten Film beim Bäcker war, und dort wurde über diesen Film geredet, da war sie schon sehr angetan. Obwohl sie sich den Film bei der Erstausstrahlung nicht angeschaut hat.

? *Warum nicht?*

G: Sie hatte Angst davor. Sie war eine ganz einfache Frau. Und für sie war das Filmgeschäft eine Welt, in der Sünde herrschte.

Hans W. Geißendörfer, **1941 in Augsburg. Seit 1985 Erfinder und Produzent der ARD-Serie »Lindenstraße«, Regisseur von TV-Produktionen und Kinofilmen. (u.a. »Der Zauberberg«, »Schneeland«). Er erhielt vier Bundesfilmpreise und wurde jeweils einmal für den Oscar und den Golden Globe nominiert. Außerdem wurde er mit dem Adolf-Grimme-Preis in Gold ausgezeichnet.*

Foto: Holger-Andre.de

Gabriele Wohmann

Fragebogen: Pfarrerskinder

Bitte vervollständigen Sie die folgenden Sätze:

1. Das Sonntagsfrühstück meiner Kindheit war... anscheinend nicht speziell herausragend, denn ich habe es vergessen.

2. Wenn ich an mein Elternhaus denke, dann... mit stabilisierender Dankbarkeit für die ideale Kindheit mit den idealen Eltern Geschwister

3. Das letzte Mal, als meine Umwelt mich als „Pfarrerskind" erlebt hat... besuchte mich Anja Würzberg zum Zweck dieses Interviews.

4. Wenn ich heute an einer Kirche vorbeikomme, dann... will ich eintreten und hoffe, dass der Organist übt.

5. Ich bin ~~(k)~~ K ein „typisches" Pfarrerskind, weil... mein Vater kein Gemeindepfarrer war. Wofür überhaupt bin ich typisch?

Das Beharren darauf, dass es Gott gibt

Warum die Schriftstellerin schon als Kind melancholische Texte liebte

Gabriele Wohmann, geboren 1932 in Darmstadt, gehört zu den renommiertesten deutschen Schriftstellerinnen. In ihrem Werk beobachtet sie detailgenau den Alltag von Erwachsenen und Kindern. Dabei lässt sie immer wieder autobiografische Elemente einfließen. Gabriele Wohmann erhielt zahlreiche bedeutende Literaturpreise.[1] Wir treffen uns in ihrem modernen Haus in Darmstadt. Dort lebt sie mit ihrem Mann und einer Sammlung antiker Puppenstuben.

? *Frau Wohmann, in Ihrem Werk beschreiben Sie immer wieder das Leben in der Familie: In was für eine Familie sind Sie hineingeboren worden?*

W: Ich bin in eine glückliche Familie hineingeboren worden. Meine Eltern waren für mich – und für sich selbst wohl auch – das ideale Paar. Sie haben sich wunderbar ergänzt. Beide waren für ihre Kinder da. Mein Vater hatte seinen Beruf als Pfarrer und über den Beruf hinaus wahnsinnig viele Interessen und eine riesige Bibliothek. Meine Mutter hat ihn geliebt. Und er hat meine Mutter geliebt.

1 Zuletzt veröffentlichte sie die Romane »Abschied von der Schwester«, »Das Hallenbad«, »Schön und gut« und »Hol mich einfach ab«.

? *Sie hatten schon Geschwister?*

W: Als ich geboren wurde, hatte ich schon zwei Geschwister: Einen älteren Bruder und eine Schwester, mit denen ich sehr verbunden war.

? *Was war das für ein Haus, in das Sie hineingeboren wurden und was war das damals für eine Situation?*

W: Das Haus, in dem wir wohnten, war kein typisches Pfarrhaus, weil mein Vater kein Gemeindepfarrer war. Er hat eine von seinem Großvater gegründete evangelische Schwesternschaft übernommen, Diakonieschwestern. Diakonieschwestern haben eine etwas größere Freizügigkeit als Diakonissen. Sie wurden nach Tarif bezahlt und durften heiraten. Insofern war mein Großvater eine Art Feminist. Er hat viel für Frauen getan. Und dann kam die Nazizeit, das war natürlich abscheulich.

? *Der Naziterror begann. Welchen Einfluss hatte das auf Ihren kindlichen Alltag?*

W: Zuerst war ich ein kleines Kind und habe davon noch nichts gemerkt. Das begann erst mit der Volksschule – so hieß die Grundschule damals. Da mussten wir dann den Arm zum Hitlergruß heben. Und ich war so derartig anders programmiert von zu Hause! Meine Schwester, mein Bruder und ich haben das Zuhausesein in der Familie als eine Art Widerstandsnest empfunden. Ich habe mit meinem Bruder Fremdwörter gepaukt, um die Lehrer zu ärgern. Denn wir haben alles Deutschtümelnde gehasst. Und ich habe den Jungmädeldienst gehasst. Das war wohl das einzige Mal, das mein Vater gelogen hat, als er behauptet hat, wir seien krank, damit wir nicht zum Jungmädeldienst mussten.

? *Wie ging es dann während des Krieges weiter?*

W: So ähnlich. Meine Schwester und mein Bruder waren während des Kriegs wachsamer und besser eingeweiht, haben immer BBC-Sendungen gehört. Ich war dagegen ziemlich unpolitisch, empfand einfach nur einen Widerstand gegen diesen Gruppenzwang der Nazis. Ich war Individualistin von vorneherein.

Gabriele Wohmann auf dem Arm ihrer Mutter im Kreis der Diakonieschwestern (rechts ihr Vater mit der älteren Schwester): »Mein Großvater war eine Art Feminist.«

? *Haben Sie als protestantische Pfarrerstochter den damaligen Hass auf alles Jüdische mitbekommen? Was wussten Sie von der Judenverfolgung?*

W: Nein, davon habe ich nichts erlebt. Es waren auch keine Juden in unserer Stadt, die wir besser gekannt hätten. Aber ich weiß nicht, was in meinen Eltern vorging. Ich habe sie auch später nie ausgehorcht. Ich finde das sowieso widerlich – diesen Trend, um die Eltern herum zu schnüffeln, sogenannte »Vaterrecherchen« zu machen und ihn dann noch anzuklagen, wenn er schon tot ist. Das ist in meinem Fall glücklicherweise auch nicht nötig.

? *Bleiben wir noch bei Ihrem Vater: Hatte er Schwierigkeiten während der Naziherrschaft?*

W: Ja, davon weiß ich. Meine beiden älteren Geschwister haben das allerdings mehr mitbekommen als ich. Und sie haben auch mehr darunter gelitten: Es kamen seltsame Leute ins Haus. Ich erinnere mich, dass er nach den Gesprächen blass, erschöpft und traurig auf dem Liegebett in seiner Bibliothek lag.

? *Hat Sie das als Kind belastet?*

W: Nein, eigentlich nicht. Ich war ein unbekümmertes, spontanes, impulsives und glückliches Kind.

? *Darüber möchte ich mehr wissen. Wie war dieses Mädchen Gabriele? Wie sah sie aus? Was hatte sie für einen Charakter? Wie war Ihre Grundstimmung?*

W: Meine Grundstimmung war glücklich. Aber ich habe mich sehr gern melancholisiert mit Musik oder Texten, die ich gelesen habe, um meinem Vater zu imponieren. Da habe ich mir Bücher aus der Erwachsenenbibliothek genommen und habe Sachen auswendig gelernt, die ich noch nicht ganz kapiert habe. Aber das war nur eine Seite von mir. Ich hatte auch immer einen gewissen Hang zum Leichtfertigen, Leichtsinnigen. Ich habe meine Schwester immer damit gequält, dass ich mich als die Mutige gezeigt habe.

? *Ein Beispiel?*

W: Bei Bombenangriffen bin ich mit meinem Vater auf den Speicher hinauf gegangen, um Flugzeuge zu beobachten. Gleichzeitig saß meine Schwester ängstlich im Luftschutzraum und fand das alles viel schlimmer als ich.

? *Wie sahen Sie damals aus?*

W: Ich hatte keine Ausdauer für Frisuren. Mal wollte ich mir die Haare wachsen lassen, dann wieder habe ich meine Mutter gebeten, sie abzuschneiden. Ich war in meinem ganzen Leben nie dick. Ich hatte einen hellen Teint. Aber ich wurde am Meer auch schnell braun. Allerdings wollte ich eine Weile dringend blass bleiben: Edles Bleich! Aber das ist mir nie gelungen.

? *Wie sah das Pfarrhaus aus, in dem Sie mit Ihrer Familie lebten?*

W: Ein Gebäude aus den dreißiger Jahren. Von außen modern. Man könnte es heute noch sehr gut sehen, wenn's nicht vom Nachfolger meines Vaters abgerissen worden wäre. Ein

Klinkerhaus, geräumig, groß, mit einem herrlichen Garten, der mir auch sehr wichtig war: Ein eher ungepflegter Garten voller Verstecke und Geheimnisse. Wenn man in das Haus hineinkam, sah man an der Tür zur Bibliothek die »Urworte, orphisch« von Goethe hängen.

Urworte, orphisch
Dämon
Wie an dem Tag, der dich der Welt verliehen,
Die Sonne stand zum Gruße der Planeten,
Bist alsobald und fort und fort gediehen
Nach dem Gesetz, wonach du angetreten.
So mußt du sein, dir kannst du nicht entfliehen,
So sagten schon Sibyllen, so Propheten;
Und keine Zeit und keine Macht zerstückelt
Geprägte Form, die lebend sich entwickelt.
...

Mein Vater war nämlich ein großer Goetheverehrer. Hinter dieser Tür hatte er seine herrliche Bibliothek. Mein Vater kaufte Bücher mehrfach und musste sich immer vor meiner Mutter verteidigen: »Ich hab ja auch vier Kinder!«. Unsere Mutter hat wohl ein bisschen unter den Büchermassen gelitten.

? *Es war ein großes Haus. Ein Haus, in dem man sich als Kind wohl fühlen konnte?*

W: Auf jeden Fall! Es war die Stätte der Geborgenheit, der Ruhe, der Annehmlichkeiten und der Eltern. Es war kein typisches Pfarrhaus. Mein Vater machte auf uns auch nie den »Pfarrer«-Eindruck. Wir haben zwar ein Tischgebet gesprochen und ein Abendgebet vor dem Einschlafen. Und das hat auch unglaublich nachhaltig gewirkt und mich bis jetzt imprägniert. Das habe ich aber damals nicht so empfunden. Wir Kinder haben den Vater mehr als jemanden erlebt, der die Kunst und die Literatur liebt und uns nicht dauernd mit Bibelzitaten kommt.

? *Dennoch hat Ihr Vater natürlich auch gepredigt. Haben Sie daran Erinnerungen?*

W: Wir Kinder sind häufig zu den Andachten mitgegangen, die unser Vater für seine Diakonieschwestern hielt. Er hat mir immer sehr gut gefallen. Er war ja ein sehr attraktiver Mensch. Und dann der Talar! Das fand ich schon beeindruckend.

Und dann fand ich es sehr mutig beim Segen, wenn er die Arme ausbreitete und: »Der Herr segne Euch und behüte Euch« sagte. Er gefiel mir ganz einfach. Er gefiel mir einfach immer!

? *Waren Sie stolz auf Ihren Vater?*

W: Ja. Und das war in meiner Nazikindheit und Jugend zu verteidigen. Denn Pfarrerskinder hatten damals sowieso einen komischen Ruf: »Pfarrers Kinder, Müllers Vieh – gedeihen selten oder nie…«, so sagte man ja. Und in der Nazizeit war es natürlich besonders schwierig, weil es ja verpönt war, etwas mit dem Glauben zu tun zu haben. Da galt man nicht so viel. Ein bisschen blöd muss man schon sein, wenn man nicht Atheist ist, so war damals die vorherrschende Meinung.

? *Hatten Sie darunter zu leiden, dass Sie Pfarrerstochter waren?*

W: Ich habe das nur als allgemeine Atmosphäre gespürt, dass es eine blöde Sache war, einen Pfarrer als Vater zu haben. Aber es wurde mir nicht ausdrücklich gesagt. Aber dem war ich auch gewachsen. Ich war allem gewachsen – im Unterschied zu meiner Schwester, die immerzu auf alles sehr viel sensibler reagiert hat.

? *Trotzdem muss sich jeder Mensch irgendwann vom Elternhaus abnabeln, um erwachsen zu werden. Wie ging Ihre Abnabelung vonstatten?*

W: Obwohl es so schön es zu Hause war, wollte ich weg, als ich etwa sechzehn Jahre alt war. Wir haben ein Internat auf der Nordseeinsel Langeoog gefunden: »Privatpädagogium«, hieß das. Da wollte ich unbedingt hin. Nicht zuletzt, weil ich

Gabriele Wohmann im Wohnzimmer mit der Blockflöte: »Wir Kinder haben den Vater als jemanden erlebt, der die Kunst und die Literatur liebt.«

damals eine unglückliche Liebesgeschichte mit einem verheirateten Mann hatte. Das war für meine Eltern wahrscheinlich furchtbar. Aber sie haben kein hartes Wort darüber verloren. Aber ich habe gespürt: Das darf nicht sein! Das habe ich sehr wohl gewusst. Aber das war mir egal, weil ich so verliebt war. Und dann bin ich nach Langeoog gegangen, um frei zu sein.

? *Inwiefern hat sich die Beziehung zu Ihren Eltern durch Ihren Aufenthalt im Internat auf Langeoog verändert?*

W: Die Beziehung zu meinen Eltern hat sich durch Langeoog gar nicht verändert. Die beiden blieben immer die verlässlichen Menschen, die mir auch Ess-Päckchen geschickt haben. Ich hatte sehr fürsorgliche Eltern.

? *Dann waren Sie erwachsen. Sie haben eben sehr ausführlich über die Bibliothek Ihres Vaters geschwärmt. Und da ist womöglich nicht auszuschließen, dass der Beruf, den Sie dann ergriffen haben, schon durch Ihr Elternhaus und die Bücherliebe Ihres Vaters angelegt war.*

W: Ich habe als Kind immer gedacht, die vielen Bücher in meinem Elternhaus seien eine Selbstverständlichkeit. Da hatte ich noch nicht gemerkt, wie außergewöhnlich das war. Ja – ich hab schon immer gedichtet. Ich habe mich immer bei Geburtstagsgeschenken dadurch rausgerettet. Denn im Handarbeiten war ich dermaßen ungeschickt. Deshalb habe ich mir stattdessen beholfen mit Gedichten und kleinen Geschichten. Im Grunde habe ich schon geschrieben, ehe ich überhaupt schreiben konnte. Ich dachte mir immer Phantasiewelten aus gemeinsam mit meiner Schwester. Zum Beispiel haben wir »Fremdes Kind« gespielt: Da mussten meine Eltern auf Spaziergängen raten: »Wer sind denn die zwei wohl und ob wir sie mal ansprechen?«

? *Haben Sie noch ein Gedicht im Kopf, das Sie als Kind geschrieben haben?*

W: Ich habe allerlei, aber das werde ich jetzt nicht preisgeben.

Ich geniere mich! Nur soviel: Es waren eigentlich immer traurige Sachen. Das hat alle immer gewundert, weil ich doch aus der reinen Harmonie kam.

? *Haben Sie heute dafür eine Erklärung?*

W: Nein. Außer: Als kritischer Mensch – verstärkt durch die Nazizeit – hat mich von jeher auch das Bittere, das Böse, das Ekelhafte interessiert.

? *Dann waren Sie Schriftstellerin. Am Anfang mussten Sie sich etablieren. Dann der erste große Erfolg. Wie war das für Ihre Eltern – speziell für Ihren Vater?*

W: Für meinen Vater waren meine ersten Erfolge wunderbar. Obwohl er mit meinen ersten Büchern nicht so besonders einverstanden war, hat er sie doch immer sofort gekauft, und zwar gleich mehrere Exemplare. Und einmal – das war bei meiner zweiten Neuerscheinung – hat er mich folgendermaßen überrascht: Wir haben gerade gemeinsam Urlaub auf Juist gemacht und sind spazieren gegangen. Dabei kamen wir an einer Buchhandlung vorbei – und im Schaufenster lag überall mein Buch »Sieg über die Dämmerung«. Dafür hatte er gesorgt! Er hat sich oft so liebe Kleinigkeiten ausgedacht.

? *Dennoch hatten Sie in Ihrem Leben nicht nur glückliche Phasen.*

W: Das stimmt. Auch als junge Frau war ich nicht nur glücklich. Und meinen Vater hat das immer sehr bekümmert. Nach seiner Ansicht habe ich den Philosophen Kierkegaard nicht richtig gelesen: zu trübe und zu deprimierend. Und ich war auch ziemlich nervös und zappelig. Wenn es einem seiner Kinder nicht gut ging – das war schon in meiner Kindheit so – dann war mein Vater wie krank und ganz furchtbar neben der Kappe. Im Gegensatz zu ihm hat meine Mutter solche Krisen mit größter Gelassenheit hingenommen: »Die Kinder haben halt Krankheiten und das wird auch wieder besser.« Aber mein Vater konnte noch nicht mal ertragen, wenn ein Kind weint.

? *Soviel zu Ihren Lebenskrisen als junges Mädchen. Wenn*

man dann erwachsen ist, gibt es auch Krisen, bei denen die Eltern nicht mehr helfen können. Hat die Erziehung Ihrer Eltern Ihnen in diesen späteren Lebenskrisen geholfen?

W: In meiner jungen, leichtlebigeren Zeit habe ich zumindest aus meiner religiösen Erziehung keine Kraft bezogen. Vielleicht unbewusst doch, aber jedenfalls nicht bewusst. Da habe ich mich überhaupt nicht viel mit dem Glauben beschäftigt. Da hatte ich eine ganz unbesorgte Haltung. Aber ein Thema hat mich doch interessiert: Als Kind habe ich mehr an Vergänglichkeit gedacht als später. Als ich zum Beispiel in einer Zirkusvorstellung war – so wurde immer erzählt – habe ich gefragt: »Ist es auch noch nicht rum? Dauert es auch noch lang?« Oder beim Kaffeeschmaus, da soll ich gesagt haben: »Tante, sicher mir doch noch ein Stück Kuchen.«

? *Das heißt: Sie hatten immer Angst vor dem Ende?*

W: Das Schöne gibt es nur in Splittern, in Momenten. Das habe ich früh so empfunden. Und so sehe ich es bis heute.

? *Inwiefern hat dieses Thema Vergänglichkeit sich dann in Ihren Büchern niedergeschlagen?*

W: Das müssen die Leser herausfinden. Aber ich finde schon, dass man das immer spürt.

? *Als junge Frau haben Sie mit religiösen Themen – abgesehen vom Stichwort Vergänglichkeit – also wenig am Hut gehabt. Wie war es später, als sie älter wurden?*

W: Dann habe ich mich immer mehr damit beschäftigt. Die Eltern und ihr Glauben haben eine immer größere Rolle gespielt. Ich denke darüber nach, wie viel ich durch diese elterliche Liebe profitiere. Nicht nur früher, sondern jetzt, immer noch, in jedem Moment meines Lebens. Ich profitiere von der Art und Weise, wie ich aufgewachsen bin. Ich will mir sagen, dass nach dem Tod der Vorhang erst richtig aufgeht, wie der Theologe Karl Barth gesagt hat. Das will ich. Da will ich dran glauben. Das kann damit zusammenhängen, dass auch mein Vater versucht hat, daran zu glauben. Es sind ja immer Versuche. Mein Vater war ja auch ein kritischer Mensch. Der wird auch seine agnostischen Momente gehabt haben, das denke ich doch sicher.

? *Haben Sie mit Ihrem Vater je über den Tod gesprochen?*

W: Nein, überhaupt nicht. Ich habe mit meinen Eltern über nichts »Tiefsinniges« gesprochen. Vielleicht ist das schade. Vielleicht hätte mein Vater das gern gehabt. Ich weiß es nicht. Wir waren alle zu diskret.

? *Inwiefern hat Ihr Vater – dieser Pfarrer, Prediger, Segnende – Ihre Biografie beeinflusst, speziell was Ihren Umgang mit Religion angeht?*

W: Ganz sicher war das *der* Einfluss, den mein Vater als Prediger, als religiöser Mensch auf meinen Umgang mit der Religion hatte. Und dann die Karl Barth-Lektüre und Kierkegaard. Das hat mich auch beeinflusst.

? *Sind Sie ein religiöser Mensch?*

W: Auf gar keinen Fall bin ich ein *nicht*-religiöser Mensch. Aber ob ich wirklich ein religiöser Mensch bin? Also darunter stelle ich mir wieder was anderes vor. Ich habe eine katholische Freundin, die ist sich ihrer Sache so sicher und die ruht so in sich, ohne sich sehr viel mit Theologie zu beschäftigen. Außer, dass sie regelmäßig im Kirchenchor singt und in die Kirche geht. Das tue ich alles nicht.

Wie sieht Ihr Alltag aus?

W: Mein Alltag sieht schreibend aus. Schreibend und schreibend und schreibend.

? *Schreibend und betend?*

W: Ja. Schreibend und betend – auf meine Weise.

? *Je älter man wird, desto mehr setzt man sich mit dem großen Thema Tod auseinander. Inwiefern tun Sie das?*

W: Eher unterschwellig. Der innere Monolog spült es einfach hervor. Das, woran ich glauben will, hilft mir sehr. Das ist überhaupt der Trost, das einzig Wichtige. Wie jeder Mensch mit Fantasie will ich alles andere haben als das Nichts. Das dieses hier, das irdische Rumgezappel und Rumgekrabbel, das Miserable, aber auch das Schöne und Nette, all die Mühseligkeiten, dass das alles einfach nur so ALLES war. Dagegen sträubt sich ja mancher. Da bin ich ja kein exotisches Einzelphänomen. Atheisten genügt das Irdische. Aber ich könnte das nicht aushalten. Manchmal stelle ich mir das Ewige Leben ganz kindlich vor: Das ist das Allerbeste. Und wenn ich einen gescheiten theologischen Artikel lese, verzage ich und verzweifele, weil mir das alles irgendwie nicht gefällt. Aber andererseits: Das wahre, echte Bibelvertrauen, wie ich es bei meiner Freundin erlebe, das hat der gründlich Nachdenkende nach meiner Überzeugung überhaupt nicht mehr. Weil da diese blöde menschliche Vernunft ist! Obwohl es ja heißt: »Gottes Friede, der höher ist als alle Vernunft...« Trotzdem bleiben wir doch immer an der Vernunft kleben. Wenn ich gefragt werde: »Wie kannst du dir das vorstellen: Auferstehung im Fleische?« Das ist doch ganz unmöglich. Dein Körper ist verfallen. Da liegt er nun, wie sollst denn DU da jemals wieder draus werden? ...Ach, ich verzettele mich, was rede ich denn da...

? *Welche sind Ihre besten Eigenschaften?*

W: Das Beharren darauf, dass es Gott gibt. Für mich ist das das Allerwichtigste. Das ist sicher meine beste – und für mich nützlichste – Eigenschaft. Und für andere Menschen zahlt sich das insofern aus, als ich ihnen doch auf die Dauer nichts übel nehme.

? *In Ihren Büchern kommen die großen Themen der Theologie immer wieder vor: Hoffnung, Buße, Sünde, Seele. Sind Ihre Bücher die Fortsetzung der Predigten Ihres Vaters mit anderen Mitteln?*

W: Schön, das so zu sehen! Das gefällt mir! Ich habe das so noch nie gedacht. Aber das würde mir sehr gut gefallen, dass in meinen Büchern viel von meinem Vater enthalten ist.

Gabriele Wohmann, **1932 in Darmstadt. Arbeitet seit 1956 als freie Schriftstellerin. Erhielt zahlreiche Preise und Auszeichnungen. Sie lebt mit ihrem Mann in Darmstadt.*
Veröffentlichungen (Auswahl): Fahr ruhig mal 2. Klasse, Geschichten (2004), Schön und gut, Roman (2002) Piper, Abschied von der Schwester (2001) Pendo-Verlag, Das Hallenbad, Roman (2000) Piper.

Foto: Alexandra Vosding

Der Geigenvirtuose Christian Tetzlaff über das Gedächtnis seiner Finger

Die Faszination der gähnenden Leere

Warum der Familienvater beim Sport mit seinen Kindern mehr als nur seine Gesundheit riskiert

Der Geiger Christian Tetzlaff ist ein gefragter Gast auf allen Konzertpodien der Welt. Die New York Times jubelt: »One of the most brilliant and inquisitive artists of the new generation«. Das Publikum liebt ihn vor allem für seine Interpretationen der Violinkonzerte von Beethoven, Brahms, Tschaikowsky sowie – nicht zuletzt – den Solosonaten und -partiten von Bach. Der Weltklassegeiger gibt in einer einzigen Saison Konzerte u.a. mit Orchestern wie den Berliner Philharmonikern, dem Chicago Symphony Orchestra, dem San Francisco Symphony Orchestra und dem London Philharmonic Orchestra. Ebenso faszinierend wirkt er auf seine Zuhörer auch bei Soloabenden. Deshalb war Tetzlaffs Konzert im Schlosstheater Celle am Vorabend unseres Interviews (in dem es auf seinen Wunsch hin nur am Rande um seine Kindheit im Pfarrhaus ging), der perfekte Auftakt für unser Kennenlernen:

? *Herr Tetzlaff, ich habe gestern Abend einen Mann gesehen, der ganz allein auf der Bühne stand und mit geschlossen Augen Bartók gespielt hat. Und dabei haben ihn viele Augenpaare angeschaut. Was fühlen Sie in einem solchen Moment?*

T: Das ist ein sehr gutes Gefühl, weil nichts die Konzentration zwischen meinem Publikum und mir stört. Es gibt wirklich nur diesen kleinen Lichtkegel und das, was ich mache. Natürlich gehört eine gewisse exhibitionistische Seite zu meinem Beruf. Aber das wird dadurch gemildert oder sogar an so einem Abend über weite Strecken weggenommen, weil ich ja ein Mittler der Ideen von Herrn Bartók oder Herrn Bach bin. Das heißt, das bin letztlich nicht ich, der da im Rampenlicht steht, sondern eine Komposition. Da stehen starke Gefühle und Ideen im Raum, um die wir uns alle gleichzeitig kümmern. Da denkt man dann, alle Leute fühlen in dem Moment das Gleiche.

? *Für einen solchen Soloabend braucht man ein großes Zutrauen zu den Tönen, die man produziert. Jeder einzelne Ton – auch der leiseste – muss ja das ganze Publikum erreichen. Jeder Ton muss die Kraft haben, das Publikum zu fesseln. Woher nehmen Sie das Vertrauen in Ihre Musik?*

T: Das Vertrauen ist über viele Jahre gewachsen. Ich übe diesen Beruf jetzt seit zwanzig Jahren aus. Und ich weiß eben, dass es in einer großen Prozentzahl von Konzerten gut läuft. Und deswegen ist die Angst nicht so groß, dass ich die Menschen mit der Musik nicht erwische. Es gibt mal einen Abend, wo ich selber nicht so dabei bin. Aber selbst dann ist da immer noch genug im Hintergrund. Und was mich in jedem Fall durchdringt, ist diese Liebe zu den Stücken, die ich da spiele. Ich vertraue gar nicht so unbedingt nur den Tönen, die ich selbst produziere. Sondern ich vertraue darauf, dass die musikalischen Bilder so eindeutig und schön sind, dass man sich dem nicht entziehen kann.

? *Aber die Zuschauer haben ja auch noch ein anderes Bild vor Augen – nicht nur die musikalischen Bilder. Die sehen diesen Mann, der sehr jung wirkt und allein auf der Bühne steht. Ein schmaler, blonder Mann im schwarzen Anzug, der mit seinem ganzen Körper die*

Musik wiedergibt, die er da spielt. Wie lange hat es gedauert, bis Sie es zulassen konnten, beim Spielen so beobachtet zu werden?

T: Meine Körpersprache ist über die Jahre freier geworden. Früher hatte ich bei Konzerten die ganze Zeit meinen »inneren Meister« bei mir, der sagte: »Das ist nicht gut.« Inzwischen ist dieser »innere Meister« einer größeren Freude am Spielen gewichen. Und das schlägt sich auch in der Körpersprache nieder.

? *Haben Sie derzeit neben Ihrem »inneren Meister« auch einen »äußeren« Lehrmeister?*

T: Nein. Ich habe seit vierzehn Jahren keinen Unterricht mehr. Die Zeiten sind einfach vorbei. Da sind zwar immer mal meine Freunde, mit denen ich zusammen spiele. Im Idealfall kritisieren wir uns gegenseitig. Und meine Freunde oder meine Frau sprechen nach einem Konzert auch offen mit mir. Sonst kriegt man ja nach dem Konzert vor allem Komplimente zu hören. Aber das ist auch gut so, wenn das so aufgeteilt ist.

? *Seit Sie sechs Jahre alt sind, spielen Sie Geige und Klavier. Wie lange hat es gedauert, bis Sie – oder womöglich erst Ihr Umfeld – gemerkt haben, was für ein außergewöhnliches Talent Sie haben?*

T: Das war schon relativ früh. Es ging schnell mit dem Geigen, ich *wollte* lernen. Ich bin auch mit relativ wenig üben durchgekommen. Und dass das mein Beruf werden würde, das wusste ich, als ich elf Jahre alt war.

? *Mit elf Jahren schon?*

T: Das ist ja auch logisch. Beim Geigen muss man früh ein klares Talent haben und schon früh was können. Für den Beruf Geigensolist entscheidet man sich ja nicht. Und so ist es dann eben.

? *Wie ging es dann weiter? Sie waren elf Jahre alt, sie waren damals in der fünften oder sechsten Klasse des Gymnasiums und haben für sich beschlossen: »Ich möchte Geiger werden.« Was hat sich da in Ihrem Leben verändert?*

T: Erstaunlich wenig. Es gab dafür auch objektiv keinen Anlass. In der Zeit habe ich ziemlich geschlampt: Ich habe im Vergleich zu Alterskameraden viel zu wenig geübt. Erst mit 15 Jahren habe ich angefangen, nennenswert zu üben – das heißt: drei Stunden am Tag. Von daher kam der Entschluss, Geigensolist werden zu wollen, wohl eher durch mein überbordendes Selbstbewusstsein.

? *Heißt das, Sie hatten neben dem Geigespielen noch viele andere Interessen, die sie vom Üben abgehalten haben?*

T: Nee, das war mehr ganz normale Faulheit. Und ich konnte sehr gut vom Blatt spielen. Das heißt, ich konnte ziemlich viele Stücke *primavista* spielen, und das hat natürlich die Übezeit sehr verkürzt. Ich habe beim Üben auch oft gelesen, damit mir nicht so langweilig wird. Das mache ich übrigens auch heute noch, dass ich beim Üben im Hotelzimmer gleichzeitig fernsehe.

Und das geht?

T: Wenn man nur die Finger warm kriegen muss, dann ist das auf die Dauer ohne Fernsehen langweilig.

? *Und was schauen Sie dann im Fernsehen?*

T: Was kommt. Wenn's geht: Tennis, weil der Ton dabei nicht so wichtig ist.

? *Das kann ich mir gut vorstellen: Christian Tetzlaff steht im Hotelzimmer, schaut Tennis und macht Fingerübungen. Das ist ein eindrückliches Bild. Bleiben wir beim Thema Bilder. Wenn Sie auf der Bühne stehen...*

T: Also, ich hab ja noch gar nicht richtig auf Ihre Frage geantwortet. Ich war neben dem Geigespielen als Jugendlicher auch im Sportverein und ich hatte auch mal den Berufswunsch, Lehrer zu werden. Aber dann wurde die Musik allbeherrschend. Denn ich habe in verschiedenen Jugendorchestern gespielt, seit ich zehn Jahre alt bin. Das war mein Lebensinhalt, weil ich mit einer riesigen Gruppe Gleichgesinnter getourt und geprobt und die Nächte durchgefeiert habe. Das war die direkte Belohnung dafür, dass ich etwas mache, was nicht jeder macht.

? *Hat Ihre Begeisterung für die Arbeit mit den Jugendorchestern dazu geführt, dass Ihre Lehrer gesagt haben: »Christian – setz Dich mal ein bisschen auf den Hosenboden und mach auch mal was für die Schule«?*

T: Nein. In der Schule war das kein Problem. Das haben alle irgendwie eingesehen, dass die Musik für mich dazugehört.

? *Ich würde gerne noch einmal auf Ihr Konzert zurück kommen, das ich gestern Abend erlebt habe: Sie spielen mit geschlossenen Augen. Und Sie spielen auswändig. Was für eine unglaubliche Gedächtnisleistung erbringen Sie da! Woher wissen Sie, was Sie zu spielen haben? Hören Sie die Melodie innerlich, sehen Sie die Noten oder sehen Sie musikalische Bilder vor Ihrem geistigen Auge?*

T: Im Idealfall ist es eine Mischung. In schnelleren Sätzen mit vielen Akkorden ist es gar nicht so einfach, die Musik vorweg zu hören. Einige Akkorde sehe ich dann zwar tatsächlich bildlich. Und ich höre auch vieles vorweg. Aber dann wieder spielen die Finger einfach allein. Das war gestern Abend – und ist generell bei einem Soloprogramm – über weite Strecken so. Ich kann sowieso nicht über einen so langen Zeitraum hinweg hundertprozentig konzentriert sein. Ich kann nicht immer über jeden folgenden Schritt nachdenken. Und so kann ich mich dann auch mal innerlich fünf Minuten lang zurücklehnen und nur noch mitfühlen, was in der Musik passiert. Dann haben meine Finger das Gedächtnis.

? *Hat Sie schon einmal das Vertrauen in Ihre Finger verlassen?*

T: Oh ja.

? *Und wann?*

T: Das ist mir im letzten Jahr gleich zweimal passiert, dass sich bei Stücken, die ich mein Leben lang auswändig und sicher gespielt habe, plötzlich gähnende Leere auftat. Das war schon faszinierend.

? *Und dann?*

T: Dann stochert man einen Moment rum. Und dann kommt man irgendwie wieder rein. Für mich war es in beiden Fällen viel dramatischer als für die Zuhörer. Aber es ist so ein Abgrund, der sich auftut. Das sollte tunlichst nicht so oft vorkommen.

? *Was wäre denn dann, wenn Ihr Gedächtnis sie tatsächlich zunehmend im Stich ließe?*

T: Es wäre auch keine Katastrophe, wenn ich irgendwann wieder anfangen würde, mir auf der Bühne die Noten hinzustellen. Aber schöner ist es ohne diese Barriere Notenständer: Sowohl für die eigene Versenkung als auch für die des Publikums.

? *Wie ist es üblich? Mit oder ohne Notenständer? Gibt es da eine ungeschriebene Regel unter den Geigern?*

T: Nein, das macht jeder so, wie er möchte. Ich spiele all jene Stücke auswändig, die ich früher gelernt habe. Und die, die ich jetzt lerne, spiele ich alle nach Noten.

? *Warum?*

T: Ich glaube, die Gedächtnisleistung lässt einfach nach. Und damals, mit siebzehn oder achtzehn Jahren, da war mein Leben ausschließlich auf die Musik fokussiert. Und jetzt dreht sich bei mir alles um meine Familie und um all das, was da zu tun ist. Ich kann überhaupt nicht mehr so eingleisig eine Sache tun. Ich habe viele Konzerte. Und wenn ich zu Hause bin, dann möchte ich meine kostbare Lebenszeit nicht damit verschwenden, Stunden um Stunden mit einem Stück zu verbringen, um es auswändig zu lernen.

? *Was tun Sie stattdessen? Wie gestalten Sie Ihre Zeit zu Hause?*

T: Ich bin Vater von drei Kindern. Der Tagesablauf wird hauptsächlich dadurch vorgegeben.

? *Sie geben etwa hundert Konzerte im Jahr. Sie sind viel unterwegs, getrennt von Ihrer Familie, von Ihren drei Kindern. Wie gehen Ihre Kinder damit um?*

T: Für die war das schon immer so. Und ich glaube, dass ich deutlich mehr Zeit mit meinen Kindern verbringe, als der klassische ›Nine-to-Five-Daddy‹. Weil ich während der Zeit, die ich zu Hause bin, eben *ganz* da bin.

? *Das heißt?*

T: Ich kann den ganzen Tag lang alles begleiten. Ich kann auch bei den Hausaufgaben dabei sein. Oder ich kann mit den beiden Kindern, die musizieren, üben. Ich koche jeden Tag das Essen, wenn ich zu Hause bin. Das ist für mich ein kleiner Trost, wenn ich dann wieder losfahren muss und mich irgendwie bitter fühle, dass ich von meiner Familie getrennt bin. Dieser Trost, dass ich eigentlich immer noch ein sehr gutes Los mit meiner Familie habe.

? *Sie gehören offensichtlich nicht zu denjenigen, die kompromisslos für ihre Kunst leben. Es gibt ja viele Künstlerbiographien, die davon geprägt sind, dass das Genie für seine Kunst sehr egoistisch lebt und auf ein »normales« Familienleben verzichtet. Warum ist das bei Ihnen anders?*

T: Ich habe das Glück, dass meine Frau und ich uns ineinander verliebt haben, bevor der Riesenrummel losging. Bei vielen Musikern, die Beruf und Privatleben nicht auf die Reihe bringen, ist es nicht nur eine egomanische Veranlagung. Wenn ich mir vorstelle, ich wäre schon fünfundzwanzig Jahre alt gewesen und hätte rumreisend mal hier jemanden kennen gelernt und mal dort: Wenn ich dann versucht hätte, eine stabile Beziehung aufzubauen, das wäre sicherlich wesentlich schwieriger gewesen als mit neunzehn Jahren.

? *Das heißt, Ihre Familie bestand schon vor Ihrer Karriere und Ihre Karriere musste sich danach richten. Mussten Sie um der Familie willen schon mal Kompromisse machen? Ist Ihnen daraus schon einmal ein Nachteil entstanden?*

T: Was ist ein Nachteil? Ja, ich muss viele Konzerte absagen, die ich gerne spielen würde. Aber das mache ich dann eben zwei Jahre später. Ich spiele so wahnsinnig gerne, dass ich einfach die ganze Zeit spielen könnte. Aber das ist ja ganz irrational, weil mein Lebensmittelpunkt natürlich meine Frau und meine Kinder sind. Das heißt überhaupt nicht, dass ich nicht als Musiker fanatisch wäre, wenn ich spiele. Aber ich kann gerade deswegen meine Liebe an beiden Seiten erhalten, weil es nicht das einzige ist, was ich habe.

? *Vom Allgemeinen zum Einzelfall: Gab es mal eine Situation, wo Ihnen eine Absage zugunsten der Familie besonders Leid getan hat?*

T: Es ist oft so, dass ich sage: »Das wollte ich machen, aber es geht einfach nicht.« Und es ist leider auch oft anders herum: Manchmal habe ich meine nächste Saison fertig geplant. Und dann kommt etwas, das unbedingt sein muss. Das steht mir zum Beispiel im kommenden Halbjahr bevor: Dann arbeite ich mehr als geplant. Das ist bitter, wenn ich meine Regeln nicht einhalten kann.

? *Was für Regeln?*

T: Eine eiserne Regel ist, dass ich nie länger als zwei Wochen weg bin. Aber das passiert jetzt gleich zweimal schnell hintereinander. Davor graut es mir schon jetzt.

? *Was ist der Grund für diesen Bruch mit Ihrer eisernen Regel?*

T: Der Grund sind Schallplattenaufnahmen, die erst kurzfristig geplant sind, aber die ich unbedingt machen möchte: Die Aufnahme der Bach Solo-Sonaten. Die habe ich vor zehn Jahren schon einmal aufgenommen[1], aber seitdem habe ich sie erst richtig viel gespielt. Es ist für mich einfach wichtig, dieses damalige Statement zu erweitern. Und da kann ich nicht sagen: »2008 habe ich wieder Zeit.« Wenn man die Möglichkeit hat, das zu machen, dann sollte man das auch sofort machen.

---

1 Diese Einspielung der Bach Solosonaten und -partiten hat den begehrten Preis Diapason d´Or bekommen und wurde als »neuer Maßstab für Bach« (Fono Forum) gefeiert.

? *Wir bleiben noch beim Thema Familie: Normalerweise schnitzen die engagierten unter den Vätern mit ihren Söhnen Stöckchen, heizen im Winter mit dem Schlitten den Berg hinunter und riskieren Kopf und Kragen beim Inlineskaten. Sie sind als Geiger existenziell angewiesen auf Ihre Hände, auf Ihre Finger. Gibt es deshalb Freizeitbeschäftigungen, bei denen Sie Ihren Kindern sagen müssen: »Nein, das möchte ich lieber nicht riskieren?«*

T: Nein, da bin ich sehr unvorsichtig. Schlitten fahre ich mit meinen Kindern sowieso. Und im November war ich mit meinen beiden Jungs auf Inlinern unterwegs – auf einer Asphaltstrecke mit Treppen und Rampen. Als wir Verfolgung gespielt haben, bin ich ›hingeschisselt‹ – dummerweise sogar auf die linke Hand. Und das spüre ich jetzt noch! (lacht) Aber es ist noch nie etwas passiert, das mich länger außer Gefecht gesetzt hat.

? *Sie haben gerade ausgeführt, dass zwei Ihrer Kinder musizieren und dass Sie sie dabei aktiv unterstützen, indem Sie mit ihnen üben. Ist das eine Unterstützung, die Sie auch von Ihren Eltern erfahren haben?*

T: Ja.

? *Das heißt, Ihre Eltern haben auch Instrumente gespielt und haben Sie auf diese Weise auch inspirierend beeinflusst?*

T: Zumindest haben sie mich immer total unterstützt. Und als ich klein war, hat meine Mutter mit mir geübt. Wenn man mit so einer anstrengenden Sache wie Geigen anfängt, ist das zum Dranbleiben ganz wichtig.

? *Sie haben das absolute Gehör. Seit wann wissen sie das?*

T: Das wusste ich relativ früh; mit fünf oder sechs Jahren. Wir hatten ein Klavier, das nicht mehr so ganz ausgeglichen war. Da habe ich an der Klangfarbe erst mal ein paar Noten erkannt und dann verselbständigt sich das mit dem absoluten Gehör.

? *Gibt es da Geschichten – womöglich Familienlegenden –*

von dem kleinen Jungen am Klavier, der Überraschendes tut?

T: Vielleicht innerhalb der Familie: ja. Ich weiß es nicht. Von meinen Eltern wurde nicht so viel Gewese daraus gemacht.

? *Kein großes Aufsehen.*

T: Genau. Vielleicht wurde im Bekanntenkreis damit ein bisschen angegeben, aber nicht nach außen hin. Ich wurde auch nicht gedrängt, früh Konzerte zu geben. Das war recht angenehm.

? *Ihre drei Geschwister sind auch Musiker.*

T: Ja. Mein ältester Bruder ist Generalmusikdirektor in Bremerhaven an der Oper. Meine älteste Schwester war Soloflötistin beim NDR in Hannover und ist jetzt Professorin in Lübeck. Und meine jüngste Schwester ist Cellistin bei der Kammerphilharmonie in Bremen und macht darüber hinaus viele Solokonzerte. Wir spielen übrigens auch zusammen Kammermusik.

? *Wie groß war die Konkurrenz zwischen diesen vier musikalischen Geschwistern – damals im Elternhaus?*

T: Nicht sehr groß. Es hat geholfen, dass wir alle verschiedene Instrumente gespielt haben. So war dieser Punkt der direkten Konkurrenz ausgeräumt.

? *Und Ihre eigenen Kinder? Sie haben die familiäre Tradition der großen Kinderschar fortgeführt und selbst auch wieder drei Kinder bekommen. War das eine bewusste Entscheidung für eine große Familie?*

T: Ja, das wollten sowohl meine Frau als auch ich. Mit jedem Kind wurde es immer schöner. Meine Frau kommt auch aus einer großen Familie. Da waren es sogar fünf Kinder. Was man selbst als schön empfunden hat, das trägt man gern weiter. Und mit der Musik ist es genauso: Zwei unserer Kinder musizieren selbst. Natürlich unterstütze ich das, weil die Beschäftigung mit Musik für mich ein Traum ist.

Meine persönliche Religion ist die Musik. Und daran möchte ich die Kinder teilhaben lassen. Das kann man natürlich am besten, indem man selber das Gefühl dafür kriegt, wie sich das anfühlt: Töne zu produzieren und damit etwas auszudrücken. Ohne dass damit eine Absicht einhergeht, dass die Kinder das vielleicht mal beruflich machen. Das kann man so nicht vorbestimmen oder sollte es auch gar nicht. Wir wollen nicht die Übungszeit mit Druck verlängern. Das Kind wird schon sehen, wie viel es aus seiner Übungszeit ziehen kann.

? *Sicher spielen Ihre Kinder auch Stücke von Johann Sebastian Bach. Ist Bach für Sie ein besonderer Komponist?*

T: Ja.

? *Warum?*

T: Das teile ich wohl mit einem Großteil der Musikerwelt: Ich denke, dass er der erste gemeinsame Nenner für die Zuhörer ist. Der erste, der eine Sprache entwickelt hat, der selbst für Leute, die fast keine Musik hören, schon erkennbar mit Ausdruck verbunden ist. Und das ist das Erstaunliche an ihm: Dass es einen direkten Zusammenhang zwischen den Wörtern und den Harmonien, die er entwickelt hat, gibt. Einen Zusammenhang, der universal verständlich ist – zumindest im abendländlichen Kulturraum. Wir können uns der Musik nicht entziehen. Wir wissen: Hier ist jetzt große Freude – oder hier ist jetzt tiefe Trauer. Er hat für beide Gefühle magische Bilder gefunden. Und darum ist er der Urgrund für viele weitere Komponisten, gerade der Romantik. Schumann, Brahms, aber auch Beethoven beziehen sich explizit auf seine Musik.

? *Sie haben gerade ausgeführt, dass Bach stark mit seinen Texten verbunden ist, dass seine Inhalte von vielen Zuschauern mitgedacht – womöglich sogar innerlich mitgesungen – werden. Ist das für Sie auch ein Ankerpunkt? Denken Sie die geistlichen Inhalte der Musik mit, wenn Sie sie spielen?*

T: Die Stücke, die ich spiele, sind ja ohne Text, ohne greifbaren Inhalt. Ich als irgendwie »nicht-gläubiger« Mensch kann nur nachvollziehen, wie sich das für Bach angefühlt haben mag. Denn es gibt so viele verwandte Gefühle, die ich natürlich auch kenne. Es ist für mich nicht wichtig, dass diese Bilder religiös sind und worum es dogmatisch genau geht. Es ist mir nicht wichtig, ob das jetzt protestantisch oder katholisch ist. Sondern es sind Gefühle, die wir alle haben. Und zum Glück kann in der Musik jeder, der zuhört, seine eigenen Gefühle mit einbringen.

? *Dennoch haben Sie als Pfarrerssohn diese geistliche Seite von Bach intensiv kennen gelernt. Spielt für Sie der geistliche Inhalt von Bachs Musik eine Rolle oder interessiert Sie ausschließlich die Musik?*

T: Die Musik an sich kann einen nicht interessieren. Ich mache das ja nicht, um abstrakte Noten auszuführen. Sondern es geht ausschließlich um das »andere«. Aber wenn Bach das in einer religiösen Formel ausdrückt, wenn er zum Beispiel die Kreuzigung Jesu darstellt, dann brauche ich den religiösen Hintergrund nicht, um Mitleid mit dieser gekreuzigten Figur zu empfinden. Mein Innenleben versteht die Musik ohne einen religiösen Überbau. Dennoch gibt es einen Zusammenhang mit dem Beruf meines Vaters: Nämlich, dass wir uns beide um die Seele des Menschen kümmern. Daraus ziehen wir unseren Lebensinhalt. Und wir merken: Wir sind alle aus demselben Stoff. Das spüre ich manchmal in einem Konzert. Auch wenn ich als Zuhörer in einem Konzert sitze: Da gibt es manchmal menschenverbindende Momente: Wenn alle ergriffen im Konzertsaal sitzen und den Tönen lauschen und man überall sieht, dass die Leute ganz nah an ihrem Innersten sind. Das ist meine persönliche Art von Gottesdienst.

? *Sie haben ein eher distanziertes Verhältnis zur Religion?*

T: Ich finde vor allem konservative und orthodoxe Religion einfach unerträglich. Da werden sehr absurde Bilder und sehr unglaubwürdige Sachen nachgesprochen. Das kann ich nicht mehr ertragen. Da komme ich mir mit meiner Botschaft des Mitleidens und der Mitmenschlichkeit in der Musik sehr viel freier und besser vor. Das klingt wie eine Kritik an dem Beruf meines Vaters, aber ich schätze sein berufliches und soziales

Engagement sehr. Und ich weiß, dass auch die Dogmen der Religion für viele Leute eine wichtige Stütze sind. Aber mit *dem* Teil habe ich nie etwas am Hut gehabt. Erstaunlicherweise auch nicht als Kind. Ich kann mich jedenfalls nicht erinnern, Gefühle dieser Art gehabt zu haben. Aber natürlich gibt es da eine Prägung: Wenn man als kleines Kind in der Kirche sitzt und der Vater da vorn steht und predigt, und die Leute sind gerührt: Das ist eigentlich genau das, was ich auch versuche rüberzubringen.

? *Sie stehen allein auf der Bühne. Sehr versunken in Ihre Musik. Und alle schauen zu Ihnen auf. Das ist ja wirklich eine sehr ähnliche Situation wie bei einer Predigt in der Kirche. Und oft ist die Musik ja viel vollkommener als Worte.*

T: Ja. Aber es gibt auch viele Unterschiede: Zum Beispiel kritisiere ich niemanden, wenn ich Musik mache. Und ich bin sehr viel weniger konkret. Erinnern Sie sich an die Zugabe gestern? Das war ein Satz von Bach, bei dem mir sozusagen die Barrieren wegsacken. Und viele Leute, die das hören, erleben das auch so. Und das ist der Moment, um den es geht!

? *Von welchen Barrieren reden Sie?*

T: Barrieren, die man selber in sich aufgebaut hat. Damit man mit gewissen Dingen nicht in Berührung kommt. Dass man weinen kann, wenn man dort sitzt und Gefühle zulässt.

? *Was sind das für Situationen, in denen Sie gern weinen würden?*

T: Durch die Musik werde ich oft so aufgeweicht. Und das kann jederzeit passieren. Es kommt auf die Situation an und wer das wie macht.

? *Sind Sie eher ein Mensch, der auf Harmonie bedacht ist oder auf Konfrontation?*

T: Ist das eine Ja-oder-Nein-Frage? Dann würde ich eher für die Harmonie plädieren.

? *Aber Sie würden nicht kategorisch ja oder nein sagen? Harmonie oder Konfrontation?*

T: Kann man nicht, weil das Leben anders ist. Aber ganz klar: Ich bin vom Elternhaus her harmoniebedürftig.

? *Wie äußert sich das?*

T: Die offene Konfrontation ist bestimmt kein Merkmal des Protestantismus.

? *Der Protestantismus hat aber doch sogar mit einer offenen Konfrontation begonnen!*

T: Das hat sich natürlich ein bisschen verändert. Ich kenne es so, das man sich keine Schuld aufladen möchte. Und Schuld würde man sich aufladen, wenn man seine Interessen durchsetzen möchte. Vielleicht ist das wie jede Verallgemeinerung jetzt falsch. Aber so kenne ich es von meinen Eltern und von meinen Verwandten: Dass man sagt: »Um des lieben Friedens Willen«.

? *Sie sprechen es an: Ihre Eltern, Ihre Verwandten sind Ihnen natürlich besonders vertraut. Aber wie ist das mit anderen Pfarrerskindern? Spüren Sie da auch Gemeinsamkeiten?*

T: Es gibt einen einzigen Fall: Den Klavierspieler Matthias Kirschnereit, mit dem ich oft zusammen spiele: Der ist auch Pfarrerskind. Das müsste ich mal daraufhin untersuchen, ob wir uns auch deswegen so gerne mögen und zusammenspielen. Aber tatsächlich erkenne ich in ihm viele Dinge, die ich auch aus meiner Familie kenne – und das, obwohl unsere Elternhäuser vollkommen verschieden sind. Da gibt es wohl trotzdem Grundtendenzen. Aber vielleicht spielt auch eine Rolle, dass wir beide »dritte« Kinder sind.

? *Lassen Sie uns am Schluss einen Blick in die Zukunft werfen: Jeder hat Träume und Visionen für sein Berufsleben. Welches ist Ihre Vision?*

T: Dass ich das, was ich jetzt mache, noch möglichst lange machen kann. Ich spiele mittlerweile alle Stücke, die ich gelernt haben möchte. Und ich spiele seit ein paar Jahren mit den besten Orchestern, Dirigenten und Kammermusikern. Und dem ist aus meiner Sicht als Musiker nichts hinzuzufügen.

? *Gibt es etwas, wovor Sie Angst haben?*

T: Ich habe Angst davor, dass die Schmerzen in den Fingern und manchmal im rechten Arm, die mich in den letzten Jahren öfter heimgesucht haben, zunehmen. Das würde mir den Beruf unmöglich machen. Das ist aber die einzige Angst, die ich kenne.

? *Was genau sind das für Schmerzen?*

T: Es ist so ein Kältegefühl in der linken Hand. Sie werden es ja gestern auch gesehen haben: Ich habe mit einem Handschuh gespielt. Die Schmerzen waren eineinhalb Jahre weg und jetzt sind sie seit einem Monat wieder da. Und deshalb war gestern ein bitterer Abend für mich. Das darf nicht mehr werden, sonst fühle ich mich bedroht.

? *Ein letzter Ausblick in die Zukunft: Was möchten Sie Ihren drei Kindern mitgeben. Was soll ihnen von ihrem Vater in Erinnerung bleiben – später?*

T: Ich wünsche mir, dass sie sich erinnern, dass ich sie liebe. Und das drückt sich letztlich in jeder Sache aus, die man zusammen tut.

Christian Tetzlaff, **1966 in Hamburg, studierte an der Lübecker Musikhochschule und in Cincinnati. Spielt mit den größten und besten Orchestern der Welt, heimisch im Repertoire der Klassik, der Romantik und im 20. Jahrhundert. Gibt regelmäßig Duoabende mit Leif Ove Andsnes und Lars Vogt und hat sein eigenes Streichquartett.*

Foto: Isolde Ohlbaum

Klaus Harpprecht über das Pfarrhaus im Dritten Reich und pädagogisch nützliche Ohrfeigen

»Was anderes soll ich tun als schreiben?«

Warum der Wanderer zwischen den Welten dennoch feste Standpunkte im Leben hat

Klaus Harpprecht ist eine publizistische Institution in Deutschland. Er arbeitet seit Jahrzehnten als Journalist (RIAS Berlin, SFB, WDR, ZDF, Die Zeit, Süddeutsche Zeitung), ist Mitherausgeber der Neuen Gesellschaft Frankfurter Hefte, Redaktionsberater von »Cicero« und Autor vieler Bücher[1]. 1927 in Stuttgart geboren, aufgewachsen im Dritten Reich und verheiratet mit einer Jüdin, die Auschwitz und Bergen-Belsen überlebt hat: Diese Erfahrungen haben seine publizistische Arbeit tief geprägt. Seit gut 20 Jahren lebt Klaus Harpprecht in Südfrankreich. Dort ist er durch sein morgendliches Bad im Meer mit der Natur und durch seinen Internetzugang mit der Zivilisation verbunden.

? *Sie schreiben derzeit an einer Biografie von Marion Gräfin Dönhoff. Soeben ist Ihr Buch über den Widerstandskämpfer Harald Poelchau erschienen. Sie sind 78*

1 Eine Auswahl:
Harald Poelchau. Ein Leben im Widerstand. Rowohlt Verlag. Reinbek, 2004.
Im Kanzleramt. Tagebuch der Jahre mit Willi Brandt. Rowohlt Verlag. Reinbek, 2000.
Thomas Mann. Eine Biografie. Rowohlt Verlag. Reinbek, 1996.
Georg Forster oder die Liebe zur Welt. Rowohlt Verlag, Reinbek, 1987.
Der fremde Freund. Amerika – eine innere Geschichte. DVA, Stuttgart, 1983.

Jahre alt und immer noch so produktiv wie eh' und je. Kommt nicht irgendwann ein Punkt, wo man sagt: »Jetzt bin ich müde. Jetzt habe ich genug geschrieben?«

H: Den Punkt gab es, aber das war eine höchst unnatürliche und problematische Zäsur: Ich muss gestehen, dass ich nach meiner voluminösen Thomas Mann-Biografie und den etwa sechzig Lesungen erst mal in ein schwarzes Loch fiel. Das ist an sich nichts Ungewöhnliches. Aber das hat sich damals zu einer veritablen Depression entwickelt. In der Zeit habe ich zwar auch immer geschrieben, weil das Schreiben dann der einzige Halt ist. Erst ganz langsam bin ich aus diesem Loch dann wieder heraus geklettert. Das dauerte zwei Jahre. Und seitdem schreibe und arbeite ich mit einer ungebrochenen Lust. Ich kann mir ein Leben ohne schreiben gar nicht vorstellen. Ich habe auch nichts anderes gelernt. Ich habe keine Hobbys: Ich sammle keine Käfer wie Ernst Jünger und fange keine Schmetterlinge wie Nabokov. Ich kann nicht gut Klavier spielen und bin auch kein großer Wanderer. Also: Was anderes soll ich tun als schreiben?

? *Obwohl Sie seit 1982 in Südfrankreich zu Hause sind, melden Sie sich regelmäßig und ausführlich zu Themen der deutschen Politik und Gesellschaft zu Wort. Und Sie genießen als Publizist eine enorme Autorität in Deutschland. Wie oft haben Sie schon die Frage gehört: »Wie können Sie nicht in Deutschland leben und dennoch etwas über die deutsche Gesellschaft sagen?«*

H: Diese Frage begegnet mir gelegentlich. Aber die Antwort ist recht simpel: Der sonst in vieler Hinsicht sehr zweifelhafte Segen des Fortschritts hat es möglich gemacht, dass ich erstens jeden Morgen um 9 Uhr im *Maison de la presse* unseres südfranzösischen Dorfes die wichtigsten deutschen Zeitungen kaufen kann. Zweitens kann ich jeden deutschen Sender via Satellit empfangen. Drittens leben im Umkreis einige geschätzte Kollegen, mit denen ich im Gespräch bin. Und viertens bin ich etwa alle sechs Wochen in Deutschland zu Redaktionskonferenzen bei der Wochenzeitung »Die Zeit«. Außerdem bin ich Mitherausgeber der Neuen Gesellschaft Frankfurter Hefte. Das ist eine kleine, bescheidene Zeitschrift, die ich gern als letzte Insel der Intellektualität in der SPD betrachte und die wir unter allen Umständen retten wollen. Der Chefredakteur Peter Glotz lebt übrigens in der Schweiz. Und schließlich gibt es ein neues Projekt, das mich interessiert, die Zeitschrift Cicero. Wir versuchen, daraus eine Zeitschrift neuen Typs zu machen: Eine Zeitschrift für politische Kultur.

? *Woher beziehen Sie ihre Energie?*

H: Ich kann in Südfrankreich in der Landschaft meiner Wahl leben. Und ich lebe seit fast einem halben Jahrhundert mit einem Menschen zusammen, mit dem ich ganz offensichtlich glücklich bin und der mit mir nicht allzu unglücklich zu sein scheint: Meine Frau Renate Lasker-Harpprecht. Wir leben in einer sehr engen und vertrauten geistigen Gemeinschaft. Meine Frau ist meine erste Lektorin. Sie liest alle meine Manuskripte, bevor ich sie herausgebe. Dennoch leben wir in einer solchen Freiheit miteinander, die uns offen sein lässt für andere Menschen. Meine Frau ist Jüdin. Sie ist eine Überlebende von Auschwitz und Bergen–Belsen. Das ist ein zentrales Element in ihrem Dasein: wie könnte es anders sein? Und es ist auch ein zentrales Element *meines* Daseins geworden. Dennoch versuchen wir, trotz allem, ein »normales« Leben zu führen.

? *Ihre Frau hat Entsetzliches erlitten während der Naziherrschaft in Deutschland. An ihr kristallisiert sich all das, was die Deutschen ihren jüdischen Mitbürgern angetan haben. Damit stellt Ihre Frau – unfreiwillig – so etwas wie den Prototypen einer deutsch-jüdischen Biografie dar. Sie dagegen repräsentieren als Pfarrerssohn den deutschen Protestantismus par excellence. Wie geht das seit 50 Jahren zusammen?*

H: Erstens ist gelegentlich die Ironie Gottes im Spiel – wenn es ihn denn gibt. Man kann auch sagen: Wo die Liebe hinfällt, fällt sie hin. Zweitens entstammt meine Frau einer Familie des klassischen jüdischen Bildungsbürgertums. Sie ist in Schlesien als Anwaltstochter aufgewachsen, sehr musikalisch und literarisch engagiert. Das ist eine gemeinsame Ebene. Denn das Pfarrhaus ist ein anderer Ausdruck des Bildungsbürgertums. Außerdem gibt es weitere zarte Verbindungslinien. Sie stammt aus einem liberalen jüdischen Haus. Das liberale Reformjudentum, das im deutschen jüdischen Bildungsbürgertum dominierte, wurde vom Protestantismus beeinflusst. Zum Beispiel in den Gottesdienstformen: Es gab die Orgel in der Synagoge, es gab den aufs Wort konzentrierten Gottesdienst. Und es ist nicht zufällig, dass eine Persönlichkeit wie Schleiermacher, der große romantisch-liberale Theologe im Umbruch vom 18. zum 19. Jahrhundert, einen intensiven Umgang mit den jüdischen Geistern seiner Epoche unterhielt und in den Berliner Jüdischen Salons zu Hause war.

? *Das heißt: Das ist eine bewährte Verbindung.*

H: Ja. Und es gibt weitere Beispiele: Der protestantische Pfarrerssohn Lessing war mit seinem »Nathan der Weise« von dieser Verbindung geprägt. Und Moses Mendelsohn, der große jüdische Philosoph und Reformer des Judentums, war von der Korrespondenz mit den großen protestantischen Geistern seiner Zeit beeinflusst – übrigens auch und besonders mit Lessing. Zwischen dem Protestantismus und dem Reformjudentum gibt es seit jeher diese enge geistige Verbindung. Aber die ist natürlich durch den Nationalsozialismus in einer furchtbaren, radikalen Weise unterbrochen, ja zerstört worden.

? *Was ist darüber hinaus das Besondere an Ihrem gemeinsamen Leben mit Ihrer Frau?*

H: Meine Frau und ich leben miteinander in einer Atmosphäre der Internationalität. Meine Frau hat nach dem Krieg in London gelebt. Und wir haben uns auch dort kennen gelernt. Dann haben wir in Amerika gelebt. Ich wäre übrigens ganz gern in Amerika geblieben. Aber meine Frau ist nach dem Krieg Französin geworden, und wir haben uns dann doch in Frankreich angesiedelt. Das war mir recht, weil die deutsch-französische Versöhnung als Kernelement des europäischen Zusammenschlusses seit jeher eines der zentralen Elemente in meiner publizistischen und politischen Arbeit gewesen ist.

? *Sie leben ein Stück Europa. Und dazu gehört die Erinnerung an den Holocaust.*

H: Meine Frau hat nach dem Krieg sehr klug gesagt, sie sei nicht bereit, den Rest ihres Lebens Hitler zu opfern. Das heißt: Sie wollte ein Leben führen, das nicht nur durch die Tragödie, die hinter ihr liegt, bestimmt ist. Das ist nicht leicht. Dazu braucht es viel Kraft. Das ist etwas, das täglich erkämpft werden muss. Aber sie hat diese Kraft und diese Freiheit gewonnen. Und auch die Familie ihrer Schwester, der Cellistin des Auschwitz-Orchesters, wurde eine große vitale und erfolgreiche Musiker-Familie. Natürlich ist der Schatten immer da. Aber es ist nicht so, dass wir jeden Tag darüber sprechen. Wir haben es immer nur getan, wenn sie darüber sprechen wollte.

? *Wie konnten Sie ihrer Frau helfen, diese Tragödie zu bewältigen?*

H: Indem ich als Partner präsent war. Und ich habe versucht – bei aller Freiheit des Lebens, das ich geführt habe – ein zuverlässiger Partner zu sein. Ich glaube, meine Frau und ich würden uns lieber den Hals umdrehen lassen, als dem anderen etwas geschehen zu lassen. Diese Zusammengehörigkeit war ihr vielleicht eine gewisse Hilfe. Wir haben uns zunächst in Amerika angesiedelt, haben auch eine eigene Filmreihe gemeinsam produziert. Sie hatte beruflich ein recht erfülltes Leben. Als wir uns getroffen haben, war sie Sprecherin mit einer eigenen Sendung bei der deutschen BBC in London: sie lebte ein sehr reiches und herausforderndes journalistisches Dasein. Sie hat auch einen sehr hübschen Roman geschrieben. Leider nur den einen, ich konnte sie zu mehr nicht überreden.

? *Sie selbst haben viele Bücher verfasst. Sehen Sie sich in ihrer schriftstellerischen Tätigkeit in einer langen Reihe von Pfarrerssöhnen?*

H: Nicht unmittelbar. Aber ich bin mir der Tradition des Pfarrhauses bewusst.

? *Inwiefern?*

H: Ich weiß, dass das Pfarrhaus jeweils in seiner Epoche eine Verdichtung der geistigen und auch zum Teil der künstlerischen Prozesse war, die das deutsche Geistes- und Kulturleben geprägt haben. Das Pfarrhaus war eine der bedeutendsten kulturellen Institutionen, die die deutsche Gesellschaft hervorgebracht hat. Übrigens nicht nur die deutsche – sie können auch an Skandinavien denken, an Großbritannien, Holland, die Schweiz und an Amerika. Wenn sie hören, wie viele von den großen schwarzen Musikern aus Prediger– und Pfarrhäusern kommen: Dann wird klar, dass hier ein prägender kultureller Einfluss am Werk ist. Und dessen war ich mir immer bewusst. Ich bin kein engagierter Mann der Kirche. Aber ich bin – falls ich Christ bin – auf jeden Fall Protestant! Das ist eine Tradition, in der ich bewusst lebe. Und es ist eine Tradition, die mir wichtig war, weil ich in meiner Jugend das Dritte Reich aus der Perspektive des Pfarrhauses erlebt habe.

? *Lassen Sie uns über dieses Pfarrhaus sprechen, in das sie hineingeboren wurden. Was war das für ein Haus?*

H: Es war etwas ungewöhnlich. Zum einen stammte mein Vater aus einer der klassischen württembergischen Familien. Dazu muss man wissen: In Württemberg spielte der Adel eine geringe Rolle – das hat historische Gründe. Dafür gab es ein herausgehobenes Bürgertum. Das waren 200 bis 300 Familien. Die nannte man »die schwäbische Ehrbarkeit«. Das waren Juristen, zum Teil aber auch Pfarrer. Herausgehobene Bürger, die die Geschicke des Landes mitgeformt haben.

? *Und in dieser Tradition sehen Sie sich?*

H: Ja, in dieser Tradition standen wir. Unser Pfarrhaus war etwas ungewöhnlich, weil mein Vater eine Berliner Pfarrers-

Klaus Harpprecht (2. v. links) mit seiner Familie: »Wir standen in der Tradition der ›schwäbischen Ehrbarkeit‹.«

tochter geheiratet hat. Die Vorfahren meiner Mutter waren übrigens auch seit Generationen Pastoren – übrigens meist Mitglieder der sorbischen Minderheit im Spreewald. Das sorgte wohl für eine gewisse Spannung: Hier der Berliner Hintergrund, dort das gewachsene Schwabentum. Für meine Mutter war es sicher nicht leicht, den Übergang zu finden: In Berlin aufgewachsen, sich in einem schwäbischen Pfarrdorf wiederzufinden, in dem sie vermutlich anfangs kaum ein Wort verstand, weil die Bauern natürlich nur Dialekt gesprochen haben.

? *Was war besonders prägend an Ihrem Elternhaus?*

H: Mein Elternhaus war ein musisch geprägtes Pfarrhaus. Mein Vater war ein besonders musikalischer Mann. Er hatte das absolute Gehör. Er spielte Violine, außerdem recht gut Klavier und Orgel. Er war mit Albert Schweitzer befreundet, der zur selben Studentenverbindung gehört hatte. Mein Vater war zweifellos – dem Geist der Zeit entsprechend – sehr viel »preußisch-deutsch-nationaler« orientiert als mein Großvater. Und mein Vater war geprägt von dem Erlebnis des Ersten Weltkrieges.

? *War er Soldat an der Front?*

H: Ja, er war Leutnant, und ist dann erst in einer zweiten Phase Feldgeistlicher geworden. Er hätte es vorgezogen, den Krieg als normaler Soldat zu erleben. Der Krieg mit seinen »Materialschlachten« und millionenfachen Verlusten war zwar ein schreckliches Erlebnis, aber auch das große Abenteuer seines Lebens. Zum Beispiel, als er das erste Mal in einem Flugzeug saß und Patrouille über den französischen Linien flog: Das sind Erzählungen, mit denen wir in der Kindheit gefüttert worden sind. Der Wendepunkt kam in den letzten Jahren der Weimarer Republik, als er sich unter dem Einfluss einer Gruppe von demokratisch geprägten Protestanten in Württemberg einer kleinen christlichen Partei anschloss. Und dann brannte 1933 sofort der Kirchenkampf auf.

? *Inwiefern war Ihr Vater am Kirchenkampf beteiligt?*

H: In Württemberg waren die Spannungen schon 1933/34 sehr heftig. Der damals neu gewählte Landesbischof Wurm in Stuttgart – von Hause aus ein Deutschnationaler – stand unter scharfem Beschuss der Nazis. Mein Vater stand ganz selbstverständlich auf der Seite von Wurm. Wurm war ein entschiedener Gegner der nazistischen »Deutschen Christen«, und mein Vater – Dekan in Nürtingen, einem Industriestädtchen zwischen Tübingen und Stuttgart – wirkte als Verbindungsmann der Bekennenden Kirche. Und die Dinge haben sich verschärft und zugespitzt durch einen Dauerkonflikt mit dem Kreisleiter, der schließlich meinen Vater einen Landesverräter genannt hat. Die Spannung wurde dramatischer, als mein sehr viel älterer Vetter, der Pfarrer von Jahn, in Oberenningen, am Rande der Schwäbischen Alb nach der sogenannten Reichskristallnacht die wohl mutigste Predigt gehalten hat, die damals in Deutschland zu hören war: Der Pfarrer von Jahn, eigentlich ein unpolitischer Mensch, ist bleich auf die Kanzel getreten und sagte wörtlich über die Reichskristallnacht: »So wie die Synagogen brannten, die Gotteshäuser, so wird ganz Deutschland brennen. Und das Blut der Unschuldigen wird über uns kommen.« Das war also eine prophetische Predigt. Er wurde danach von einem Trupp der SA halb tot geschlagen.

Von dieser Predigt und dem Totschlagversuch haben wir beim Abendessen am Sonntag erfahren. Ich hörte die aufgeregte Stimme des Vaters, der in einer gewissen Unschuld den Landrat angerufen hat und eine Anzeige wegen Landfriedensbruch und Hausfriedensbruch zu erstatten versuchte. Der Landrat war aber ein angepasster Mensch. Man mag meinen Vater naiv nennen: er handelte nach seinen Impulsen. Als mein ältester Bruder als junger Leutnant mit 20 Jahren drei Wochen nach Kriegsbeginn in Polen fiel – er war der erste Kriegstote der Stadt – war das dann zunächst für die ganze Familie ein gewisser Schutz.

Dann gab es noch einen zweiten Schutz: Der im Grunde wahrscheinlich eher gutartige lokale Gestapo-Mann, der oft in der Kirche saß und mitschrieb, was mein Vater in seinen Predigten zu erzählen hatte, kam von Zeit zu Zeit ins Dekanat, um meinen Vater zu warnen. Und eines Tages sagte er: »Ich glaube, Sie sollten jetzt das Köfferchen packen.«

? *Das heißt: Sie sind in Ihrer Kindheit in einer Atmosphäre der Bedrohung, der Gefahr aufgewachsen. Haben Sie Angst gehabt?*

H: Ich war beunruhigt. Auf der anderen Seite war ich nicht ohne Spaß Mitglied bei den »Pimpfen«. Aber als ich zum »Fähnlein-Führer« befördert werden sollte, wurde mir gesagt: »Das geht nicht, dafür hättest Du Dir einen anderen Vater aussuchen sollen.« Danach bin ich beim Dienst nicht mehr erschienen, obwohl das eigentlich Pflicht war. Wir waren vier Kinder, meine beiden Brüder sind im Krieg gefallen. Jetzt leben noch meine sechs Jahre ältere Schwester und ich. Wir zwei sind übrig geblieben. Mein Vater ließ sich, als die Lage bedrohlich wurde, zur Wehrmacht einberufen. Er bekam einen Schreibtischjob in einer Kaserne und war für die gefährliche Zeit dem Zugriff der Nazis entzogen. So ähnlich habe ich auch gehandelt: Ich habe mich schon mit 14 Jahren als Reserveoffizieranwärter freiwillig bei der Wehrmacht gemeldet. Denn damals kam schon die SS zur Zwangsrekrutierung in die Schulen. Wenn man denen zeigte, dass man sich freiwillig zur Wehrmacht verpflichtet hatte, dann war man tabu.

? *Das erinnert mich an den biblischen Satz: »Seid klug wie die Schlangen.«[2] War es diese Art von Klugheit? Die Klugheit, nicht in das offene Messer zu rennen?*

H: Man musste sich einfach der Schutzmöglichkeiten bedienen, die da waren. Die Wehrmacht war bis zu einem gewissen Grade ein Schutz. Von der Verwicklung ganzer Wehrmachtsteile in Verbrechen an der Ostfront wussten wir nichts. Wir wussten aber sehr wohl von den Massenerschießungen. Soldaten, die in Urlaub waren, die die Mordszenen mitangesehen haben, vielleicht auch beteiligt waren, sind zu meinem Vater gekommen und haben – soweit es das im Protestantismus gibt – gebeichtet. Mein Vater hat meiner Schwester und mir davon erzählt. Und wir haben das nicht für uns behalten. Ich habe mit meinen Schulkameraden darüber geredet, später – nach meiner Einberufung – auch mit anderen Soldaten.

---

2 Matthäus 10,16

? *Mit welchem Effekt?*

H: Einige glaubten mir. Deshalb habe ich auch nach dem Krieg die allgemeine Haltung des »Wir haben nichts gewusst« niemals akzeptiert. Wir wussten sehr viel! Wir wussten *nichts* von den Vernichtungslagern, aber wir wussten von den KZs. Wir wussten von der Unmenschlichkeit.

? *Sie haben einerseits als Pfarrerssohn unter einer besonderen Bedrohung gestanden und haben andererseits diese besondere Verantwortung gespürt?*

H: Ich glaube ja, aber ich weiß nicht, ob das ein bewusster Vorgang war. Man hat gespürt, dass das etwas war, das man nicht für sich behalten durfte. Dann ereignete sich noch ein anderer dramatischer Eingriff in die Familie: Ein Bruder meiner Mutter war erst Studentenpfarrer in Berlin, dann Superintendent in Königsberg. Im Juli 1944 ist er verhaftet worden und wenig später im Gefängnis zu Tode gekommen. Die Gestapo behauptete, er habe Selbstmord verübt. Das halten ich und die, die ihn kannten, für ausgeschlossen. Ein überzeugter Christ ist selten zum Selbstmord bereit. Die Vermutung liegt näher, dass er umgebracht worden ist. Seine Frau hat sich nach dem dritten Gestapo-Verhör aus dem Fenster gestürzt, weil sie den Druck nicht ausgehalten hat. Er hatte zwei Söhne: Der älteste Sohn fiel im Strafbataillon. Den anderen fand ich zum Krüppel geschossen, als ich nach Hause kam. Die Großmutter war auf der Flucht gestorben. Diese Erfahrungen waren für unsere ganze Familie eine tiefe Zäsur. Illusionen über das Regime hatten wir ohnedies keine.

? *Inwiefern haben Sie diese frühen Erfahrungen für Ihr restliches Leben geprägt, für Ihre publizistische Rolle?*

H: Erstens war ich tief davon überzeugt, dass dieses *nie-nie-nie* wieder geschehen darf! Ob mit konservativer Betonung oder mit sozialdemokratischer Betonung: Die Abwehr der totalitären Bedrohungen schien mir *die* bürgerliche Aufgabe, aber damit auch *die* journalistische Aufgabe Nummer Eins zu sein. Ich sage es bewusst in der Mehrzahl: »totalitäre Bedrohungen«, weil wir uns später mit der kommunistisch totalitären Bedrohung konfrontiert sahen. Und ins Positive gewendet fand ich, dass der einzig wirklich zuverlässige Schutz unserer Gesellschaft vor neuen Anfechtungen unsere Eingliederung in eine Europäische Gemeinschaft sein müsse, gleichzeitig in eine Atlantische Gemeinschaft. Es gibt keinen anderen Weg, um aus dem Bismarckschen Teufelskreis auszubrechen: Ein Deutschland, das einerseits durch seine Stärke eine latente Bedrohung seiner Umwelt ist. Andererseits ein Deutschland, das niemals stark genug ist, um eine positive Ordnungsmacht in der Welt sein zu können, sondern im Grunde genommen nur eine ständige Beunruhigung für sich selber und für seine Umwelt bleibt. Denn man konnte nicht völlig darauf vertrauen, dass die Demokratisierung nach dem Krieg zuverlässig war. Schließlich gab es genug »Übrig-Gebliebene«. Man darf nicht vergessen, dass sich damals mindestens ein Viertel der Deutschen innerlich noch nicht vom Nationalsozialismus befreit hatte.

? *Demokratisierung in Deutschland: Haben Sie als Pfarrerssohn der protestantischen Kirche in diesem Zusammenhang eine wichtige Rolle zugetraut?*

H: Mein Verhältnis zur Institution Kirche war und ist zwiespältig. Denn erstens hatten sich die Oberen der Kirche meinem Vater gegenüber nicht sehr gut benommen. Zweitens hatte ich beobachtet, wie stark sich die Herrschaften während des Nationalsozialismus angepasst hatten – von Menschen wie dem Landesbischof Wurm abgesehen. Wurm war auf seine Weise ein tapferer Mann. Er hat zum Beispiel zusammen mit Graf Galen, dem katholischen Bischof von Münster, durch seine Proteste das Ende der Euthanasie erzwungen. Aber es gab keine Äußerung der Kirche gegen die Judenmorde!

? *Konnten Sie das der Kirche jemals verzeihen?*

H: Das ist etwas, das ich jedenfalls niemals vergessen habe.

? *Sie haben bittere Erfahrungen mit angepassten Kirchen-*

vertretern gemacht. Aber es gibt auch Geistliche wie Harald Poelchau, Gefängnispfarrer in Berlin und Widerstandskämpfer, über den Sie gerade ein Buch geschrieben haben. War es Ihnen ein Bedürfnis, auch diese Geschichte zu erzählen?

H: Ja. Allerdings brauchte es dafür einen Anstoß. Und der Anstoß kam gleich von zwei Seiten: Von der Witwe des Grafen Helmut von Moltke, die in Vermont lebt: Freya von Moltke, eine uralte Dame von weit mehr als 90 Jahren, eine wunderbare Frau. Von ihr kam sehr taktvoll, aber doch mit einem leisen Drängen der Wunsch, sich mit Poelchau zu befassen. Das zweite Element war ein Jugendfreund meiner Frau, Konrad Latte, ein sehr begabter junger Musiker aus Breslau. Der konnte seine Eltern dazu überreden, dem Deportationsbefehl nicht zu folgen, sondern sofort zu verschwinden. Die Eltern ließen alles stehen und liegen und fuhren mit Bummelzügen nach Berlin. Aber die Verwandten, bei denen sie untertauchen wollten, waren schon verschleppt. Sie wurden von Freunden an den Pfarrer Harald Poelchau verwiesen. Und so hat Konrad Latte Poelchau angerufen in seiner Dienststelle im Gefängnis Tegel. Und Poelchau wies ihm und seinen Eltern ein Quartier zu bei einer jungen Schauspielerin aus dem Gründgens-Ensemble. Dennoch wurden Konrad Lattes Eltern schließlich in Berlin verhaftet. Aber er kam durch. Seine Frau Ellen Latte hat mich gedrängt, über Poelchau zu schreiben.

? *Zwei Frauen haben gesagt: Schreib über Poelchau.*

H: Ja. Und ich sah ein, dass er eine der wirklich bedeutenden Figuren des Widerstandes war.

? *Hat es bei Ihrer Entscheidung eine Rolle gespielt, dass Poelchau auch Pfarrerssohn ist? Haben Sie da eine spezielle Verbindung zu diesem Mann gespürt, den Sie ja nie persönlich getroffen haben?*

H: Das Milieu war mir bis zu einem gewissen Grad vertraut. Poelchau selber sieht sein Elternhaus übrigens nicht allzu positiv in den wenigen Erinnerungen, die es gibt. Aber wenn man genauer nachforscht, um die Atmosphäre in seinem Elternhaus zu schildern, wird dennoch deutlich, dass es auch das idealtypische Pfarrhaus war, das wir vielleicht zu sehr idyllisieren, das aber durchaus auch seine Wirklichkeit hatte. Zum Beispiel wurde viel musiziert im Pfarrhaus Poelchau. Das erwähnt er – wenn überhaupt – nur nebenbei. Dabei spielte er sehr gut Querflöte und tat das in jeder freien Minute. Es wurde natürlich auch viel gelesen. Es gab den Pfarrgarten. Ja, es gab eine eigene Kultur des Pfarrhauses.

? *Zurück zu ihnen. Sie sind im Dritten Reich als Pfarrerssohn aufgewachsen. Sie hatten dadurch eine herausgehobene Rolle in vielfacher Hinsicht. Wie haben Sie die gespürt?*

H: Erstens zum Teil negativ, weil die Pfarrer generell unter Verdacht standen bei den Nazis. Und zusätzlich war von meinem Vater bekannt, dass er ein Gegner des Regimes war. Und die eifrigen Nazis am Ort, die grüßten deshalb ganz besonders straff mit »Heil Hitler«. Der damalige Buchhändler war dafür ein Beispiel: Der schnellte mit seiner Hand nach vorn, dass er einem fast die Augen ausstach. Und auf der anderen Seite hatte die Gesellschaft auf die Pfarrerskinder immer ein besonderes Auge: Benehmen sie sich besser oder schlechter? Sie kennen ja den alten Spruch: »Pfarrers Kinder, Müllers Vieh – geraten selten oder nie.« Dazu war ich noch rothaarig und sommersprossig. So hatte ich es nicht immer leicht mit den Schulkameraden. Ich hatte überdies einen rothaarigen Freund. Und wir wurden zwei gefürchtete Schläger. Denn wir wussten uns unserer Haut zu wehren, wenn die Angriffe auf dem Schulhof zu heftig wurden. Auf der anderen Seite hatte man natürlich die Sympathien der Lehrer, die eher kirchlich gesonnen waren. Die haben mich auf merkliche Weise gefördert. Ich lebte auf einer Art Präsentierteller. Das konnte man dazu benutzen, um sich besonders gut oder besonders schlecht zu benehmen. Meine Schwester zum Beispiel, die ein sehr mutiges Mädchen war, war eine kesse Pfarrerstochter. Sie

Schachpartie im Hause Harpprecht: »Die Gesellschaft hatte auf die Pfarrerskinder immer ein besonderes Auge.«

lebte ihr Leben so frei, wie es nur anging. Sie lernte Kunst- und Buchhandel und führte ein freies Großstadtleben. Sie war früh emanzipiert und war sehr tapfer in ihrer Art des Widerstands gegen die Nazis. Ich dagegen vesuchte, es nicht auf den offenen Konflikt ankommen zu lassen, aber auch ich lebte mein Leben.

? *Sie sagen, Sie haben schon als Kind und Jugendlicher auf dem Präsentierteller gesessen. Das ist ja eine Rolle, die Sie konsequent den Rest ihres Lebens beibehalten haben: Sie sind als Publizist auch eine öffentliche Per-*

son. Und sie haben sich zu vielen Themen und in vielen Medien zu Wort gemeldet. Ist es Ihnen nach dieser Kindheit leichter gefallen, auch Gegenwind auszuhalten?

H: Ich glaube, das ist schon wichtig. Nun gab es in meiner Kindheit ja nicht nur den Widerstand von außen, sondern auch von innen. Denn ich war ein eher rebellischer Geist und ein aufsässiger Schüler. Und ich wuchs in einem Elternhaus auf, das zumindest am Anfang sehr stark von den puritanischen Idealen der damaligen Zeit geleitet war. Das heißt: Es gab auch von daher Konflikte. Meine ersten Liebeleien und meine ersten erotischen Eskapaden mussten sorgsam verborgen werden. Mein ältester Bruder – der arme Kerl – hat es weniger heimlich versucht und geriet deswegen in die fürchterlichsten Konflikte. Er war heilfroh, als er raus kam aus der Familie zum Militär. Meine Schwester war auf ihre Weise kess und hatte auch ihre Konflikte zu bestehen. Mein anderer Bruder war im evangelisch-theologischen Seminar in Blaubeuren.

? *Abgesehen von den heimlichen Treffen mit Mädchen: Was war in Ihrer Familie noch streng verboten?*

H: Es war nicht akzeptiert, dass wir am Sonntag auf den Fußballplatz gingen, um die Lokalspiele anzusehen. Das gehörte aus Sicht meines Vaters nicht zur Sonntagsheiligung.

? *Und was war sonntags erlaubt?*

H: Ein Spaziergang mit der Familie oder Spiele im Haus oder lesen oder musizieren. Wir wollten aber auf den Fußballplatz. Es gab jedes Mal einen fürchterlichen Krach. Das heißt also: Widerstand habe ich auch – und ich halte das übrigens für etwas durchaus Gesundes – im Elternhaus erlebt, gegenüber der Autorität der Eltern.

? *Gibt es in diesem Zusammenhang eine Episode, an die Sie sich besonders gut erinnern können?*

H: Ja! In Nürtingen war im Nachbarhaus ein Friseursalon. Lauber hieß er wohl. Dort kriegte man die Haare auf Streichholzlänge geschnitten. Der Salon hatte ein großes Schaufenster. Ich musste etwas warten und holte mir eine Zeitung vom Bügel und fing an, darin zu blättern. In diesem Augenblick kam mein Vater draußen vorbei. Er sah, welche Zeitung ich in der Hand hatte, kam in den Laden gestürmt, schmierte mir eine gepfefferte Ohrfeige, riss mir die Zeitung weg und sagte: »Dieses Schweineblatt liest mein Sohn nicht.« Das »Schweineblatt« war der »Stürmer.« Das war ein bis zur Obszönität rassistisches und judenfeindliches Blatt. Mit Karikaturen, die über alles hinausgingen, das erträglich war.

? *Sind Sie im Rückblick stolz auf diese Reaktion Ihres Vaters, oder denken Sie eher an einen gewalttätigen Vater zurück, der einem aus heiterem Himmel eine runterhaut?*

H: Das war eine pädagogisch angebrachte und nützliche Ohrfeige. Ich bin stolz darauf, dass er seiner Wut nachgegeben hat. Da saßen ja auch andere Kunden beim Friseur. Und diese Zeugen waren nicht ungefährlich. Dass er den »Stürmer« ein »Schweineblatt« genannt hat: Das habe ich meinem Vater hernach hoch angerechnet.

? *Ihr Vater hat seine Meinung deutlich gesagt, ohne Angst vor Widerständen. Ein Vorbild für Sie?*

H: Ich war sicher nie der Typ Bürger, der sich widerspruchslos und demütig einordnet. Ich neige zu gesellschaftlichem Widerspruch. Wenn ich das Gefühl habe, dass mir Unrecht begegnete, ob mir persönlich oder anderen, dann – so hoffe ich – habe ich es immer gesagt. Aber das Risiko in unserer Gesellschaft war natürlich stets geringer als im Nationalsozialismus. Obwohl die Konfrontation mit dem Kommunismus für mich nicht ohne Risiko war – als Kommentator von RIAS-Berlin. Wenn die Herrschaften der Stasi mich erwischt hätten, dann wäre das sicher nicht sehr angenehm gewesen. Ich sah es aber als meine Pflicht an, die unmittelbar aus der Lehre des Nationalsozialismus stammte, dass man auch der totalitären Versuchung der Stalinistischen Art widerstand.

? *Sind Sie aus diesem Grund nach Berlin gegangen?*

H: Ja. Ich habe mein erstes Buch[3] über den 17. Juni und seine Vorgeschichte unter dem Pseudonym Stefan Brant geschrieben. Das Pseudonym war notwendig, weil ich bei RIAS Berlin eine herausgehobene Stellung hatte. Es gab damals einige Entführungen von Journalisten: die kamen lange nicht wieder. Ich glaube, dass mein Vater mich durch sein Beispiel Freiheit gelehrt hat, so puritanisch er auch gewesen sein mag. Und er hat es als selbstverständlich betrachtet, dass ich eine jüdische Frau geheiratet habe. Das rechne ich ihm hoch an, denn die sogenannte »Mischehe« war im Pfarrhaus nicht üblich! Um ihm eine Freude zu machen, war meine Frau sogar bereit zu einer christlichen Trauung. Und für mich ging es darum, ihm, dem alten Herrn, meine Liebe und Zugehörigkeit zu beweisen. Die Trauung wurde von der Kirche verboten. Denn damals galt in der protestantischen Kirche das Gesetz, dass eine Ehe zwischen einem Christen und einem Nichtchristen nicht kirchlich geschlossen werden kann. Mein Vater hat uns trotzdem getraut, allerdings im privatem Rahmen. Er hat die kirchlichen Vorschriften nicht akzeptiert.

? *Wie er so vieles in seinem Leben nicht akzeptiert hat, das man ihm von oben anordnen wollte. Haben Sie jemals darüber nachgedacht, die Familientradition fortzusetzen und auch Pfarrer zu werden?*

H: Nein.

? *Warum nicht?*

H: Erstens widersprach das, was ich mir als mein eigenes Leben vorstellte, dem puritanischen Geist des Pfarrhauses. Zweitens war mein Interesse wenig auf die Theologie, sondern mehr auf die Künste gerichtet: Literatur, Musik, Geschichte, Kulturgeschichte. Ich wollte eher in jenen Bereichen tätig werden. Und drittens haben sich bei mir Zweifel durch die Nietzsche- und Schopenhauer-Lektüre gemeldet.

? *Eine Art Glaubenskrise?*

---

3 Der Aufstand, 1954

H: Das wäre ein viel zu starkes Wort. Nein, ich bin sicher kein areligiöser Mensch geworden, aber das ist eher meine private Angelegenheit. Ein Leben im Rahmen der Institution Kirche konnte ich mir nicht vorstellen. Ich bin nicht ganz sicher, ob ich ein Christ bin. Dass ich Protestant bin, das weiß ich allerdings! Und ich fühle mich auch in einer vagen Weise dem versprengten Häuflein der französischen Protestanten zugehörig. Manchmal – alle vier Wochen – gibt es in einem ganz versteckten kleinen Kirchlein in Saint Tropez einen Gottesdienst. Und da gehe ich gelegentlich hin.

? *Sie sind also auch in dieser Hinsicht ein Wanderer zwischen den Welten: Einerseits zwischen Frankreich und Deutschland, zwischen dem* ***Leben mit Kirche*** *und dem* ***Leben ohne Kirche****. Und zwischen dem Protestantismus und dem Judentum – das durch ihre Frau verkörpert wird.*

H: Meine Frau war allerdings nie eine *praktizierende* Jüdin. Trotzdem hat sie ein jüdisches Schicksal und ist sich der jüdischen Herkunft bewusst.

? *Sie haben als Publizist eine lange und fruchtbare Karriere. Gibt es trotzdem etwas, von dem Sie sagen: Das möchte ich noch machen? Das ist ein Projekt, das mir noch auf dem Herzen brennt?*

H: Es gibt so unendlich viele Themen, die mich interessieren würden. Zum Beispiel die Kulturgeschichte des Deutschen Pfarrhauses. Das wäre ein Buch, das *ich* gern geschrieben hätte, aber wo mir einfach die Vernunft sagt, das Maß an Recherchen, was dazu gehört, das werde ich nicht mehr schaffen. Das ist eine Zehn-Jahres-Arbeit. Der alte Adenauer hat zwar gesagt, man soll die Gnade Gottes nicht künstlich einengen, aber das wäre eine etwas vermessene Sache.

? *Glauben Sie, dass das Pfarrhaus, wie Sie es erlebt haben, eine verschwindende Tradition ist?*

H: Ja leider. Denn erstens leidet unsere Gesellschaft an einer kulturellen Schwindsucht. Und zweitens ist es eine zunehmend »entchristlichte« Gesellschaft, wenn auch die formale Zugehörigkeit zur Kirche zumindest im Westen noch relativ stark ist. Im Osten dagegen gibt es Familien, die nicht die geringste Erinnerung an irgendeine kirchliche Zugehörigkeit haben! Und das bedeutet auch eine geistige Verarmung.

? *Inwiefern?*

H: Wenn ich mir vorstelle, was für eine Verarmung es bedeutet, ohne die biblischen Gestalten aufzuwachsen! Die Kinder gehen doch heute durch ein Museum – so stelle ich es mir vor – und können mit der Hälfte der Figuren der mittelalterlichen und barocken Kunst, die sie sehen, nichts anfangen. Denn sie wissen nicht, wer auf den Bildern dargestellt ist! Sie können die Bilder vielleicht formal beurteilen. Aber zwei Drittel der großen Kunst des Mittelalters, der Renaissance und des Barock hatte religiöse Themen. Und Moses, Isaak, Abraham, Ruth, die Figuren des Neuen Testaments, die Frauen, die Männer bedeuten ihnen gar nichts! Das ist eine unendliche Kulturverarmung. Und ich wüsste nicht, wie die aufzuhalten ist.

? *Sie sind sich Ihrer Herkunft aus einem Pfarrhaus sehr bewusst. Und sie haben im Laufe Ihres Berufslebens immer wieder Verbindungen gesucht zu anderen Pfarrerskindern. Mittlerweile haben sich die Pfarrhäuser verändert. Gibt es etwas, das Sie den jungen Pfarrerskinder mitgeben können?*

H: Ich wünsche mir, dass diese jungen Pfarrerskinder das Pfarrhaus nicht nur als soziale Institutionen betrachten, sondern dass sie sich auch der kulturellen Möglichkeiten und des Reichtums bewusst sind. Bei uns war es noch selbstverständlich, dass die Musik im Zentrum stand. Natürlich gab es bei uns jede Woche einen Kammermusikabend. Da durften wir Kinder die Schlafzimmertür offen halten, um bei der Musik einzuschlafen. Und das ist natürlich etwas unendlich Wichtiges gewesen. Schließlich macht es einen Unterschied, ob man mit Mozart und Haydn oder ohne die Wiener Klassik aufwächst. Und es macht natürlich auch einen Unterschied, ob man mit Bach oder ohne Bach aufwächst. Das macht sogar den entscheidenden Unterschied.

? *Warum macht Bach den entscheidenden Unterschied?*

H: Weil es eine universale Musik ist, die über Europa hinausstrahlt. Die Musik mit der größten Tiefenwirkung in der Welt.

? *Das sagen die meisten Pfarrerskinder: Bach ist* ***die*** *Musik, wenn ich auf alles verzichten könnte: Darauf nicht.*

H: Ja, Gott sei Dank. Ich möchte über der Musik die Literatur nicht vergessen. Das Pfarrhaus hat immer einen sehr natürlichen Zugang zur Literatur. Für mich stand zwar zunächst einmal die Musik im Vordergrund. Aber als ich zwölf war, lag zu Hause ein Buch aufgeschlagen. Und neugierig wie ich war, blätterte ich in den Seiten und stieß auf die Namen Mozart und Bach. Und ich fing an, dieses Buch zu lesen: Es war Zelters Briefwechsel mit Goethe – des Direktors der Berliner Singakademie, der Goethe den blutjungen Felix Mendelssohn und seine Schwester Fanny ins Haus geschickt hat. Damit war meine Liebe zu Goethe geweckt – eine lebenslange Liebe. Das Pfarrhaus hat der Literatur immer eine Chance gegeben. Wir protestantischen Pfarrerskinder stammen aus einer Welt, die vom Wort geprägt ist. Das ist die große Errungenschaft der Reformation.

Klaus Harpprecht, **1927 in Stuttgart. Schriftsteller und Journalist. Mitarbeiter von »Zeit«, »Manager Magazin« u.a., Mitherausgeber »Neue Gesellschaft- Frankfurter Hefte«. 1972-1974 Chef der Schreibstube und Berater bei Bundeskanzler Willy Brandt. Lebt seit 1982 mit seiner Frau in Südfrankreich.*

Eckhart von Vietinghoff

Fragebogen: Pfarrerskinder

Foto: Ulrich Ahrensmeier

Bitte vervollständigen Sie die folgenden Sätze:

1. Das Sonntagsfrühstück meiner Kindheit war... entspannt, gelassen, denn mein Vater hat die Pflichten seines Amtes nicht auf die Familie abgelad

2. Wenn ich an mein Elternhaus denke, dann... bin ich zunächst dankbar für großes Vertrauen, weite Liberalität, viel Kultur und die unaufdringliche, aber immer wirksamere Prägung durch die alte Familientradition.

3. Das letzte Mal, als meine Umwelt mich als „Pfarrerskind" erlebt hat... noch-mal längerer Unterbrechung – beim Tod meines Vaters, kurz nach seinem 90. Geburtstag

4. Wenn ich heute an einer Kirche vorbeikomme, dann... freue ich mich über diese unüberhörbaren Zeichen, daß es mehr als Konsum, Kommerz und Entertainment gibt.

5. Ich bin (k)ein „typisches" Pfarrerskind, weil... ich Typisierungen generell mißtraue: sie ersetzen genaues Hinsehen durch Vorurteile (positive wie negative).

Eckhart von Vietinghoff über Laubenpieper und Moschus-Ochsen

Ein kleines Kind im großen Gewimmel

Wie aus einer traditionsreichen Familiengeschichte Mut für die Zukunft wachsen kann

Eckhart von Vietinghoff ist einer der führenden Protestanten in Deutschland. Als Präsident des Evangelischen Landeskirchenamts in Hannover ist er seit mehr als zwanzig Jahren für drei Millionen evangelische Christen verantwortlich. Bekannt geworden ist er unter anderem durch seine »Unfrisierten Gedanken« – eine unkonventionelle und richtungsweisende Denkschrift zur Strukturreform der Kirche. Angesichts von Überalterung, Geldmangel und Kirchenaustritten müsse sich vieles ändern: Das ist seine Überzeugung und die vertritt er mit gelassener Beharrlichkeit. Und wenn verschiedene Lager innerhalb der Kirche im Clinch liegen, ist Eckhart von Vietinghoff häufig als Vermittler gefragt.

? *Sie tragen einen Siegelring – warum?*
vV: Dieser Ring ist ein Erbstück. Darauf ist das Vietinghoff'sche Wappen abgebildet. Er erinnert mich, dass ich in einer Kontinuität stehe. Er ist für mich auch ein Zeichen der Verpflichtung: »Es wäre schön, wenn du dir selbst am Ende deines Lebens noch so ins Gesicht sehen könntest, wie das die anderen Vietinghoffs vor dir auch schon versucht haben.«
? *Sie kommen aus einem alten ostdeutschen Adelsge-*

schlecht. Wie hat es Sie nach Hameln verschlagen, wo Sie aufgewachsen sind?

vV: Meine Eltern sind 1949 als Flüchtlinge in Hameln gelandet – in äußerlich sehr jämmerlichen Umständen: Wir wohnten fünf Jahre in einer Zwei-Zimmer-Wohnung ohne Bad. Und diese Wohnung war das Zentrum einer neu entstehenden Gemeinde mit 8.500 Kirchenmitgliedern. Ich bin also in einem riesigen Kreis von Menschen aufgewachsen, obwohl ich ein Einzelkind war. Und ich musste auch als kleines Kind schon mit diesem großen Gewimmel an Menschen fertig werden. Das ist das, was mich am meisten geprägt hat: Die Offenheit für Menschen völlig unterschiedlicher Herkunft, völlig verschiedener Verhaltensweisen, ganz verschiedener kultureller Prägungen. Und da bin ich meinen Eltern sehr dankbar, dass sie diese bewundernswerte Offenheit vorgelebt haben. Denn sie selbst stammten im Gegensatz dazu aus sehr geprägten alten Familientraditionen.

? *Ihre Eltern stammten beide aus alten Adelsgeschlechtern. Wie hat sich das ausgewirkt?*

vV: Meine Mutter hatte ihre innere Festigkeit aus der Tradition ihrer Familie. Da »wusste« man, was richtig und was falsch ist. Und dann war durch den Krieg plötzlich der ganze äußere Rahmen weg. Zerbombt. Es war nichts mehr da. Aber die innere Stabilität war geblieben. So rechne ich es meinen beiden Eltern hoch an, dass dennoch bei uns zu Hause nicht über Geld gesprochen wurde, obwohl meine Eltern anfangs *nichts* hatten. Und es gab noch mehr Prinzipien: Es wird nicht über andere Leute geklatscht und es wird auch nicht über Krankheiten geredet. Weil das alles Anlässe zum Jammern und zum Klagen sind.

? *Und Ihr Vater?*

vV: Mein Vater war musisch außerordentlich begabt. Er hat diese schreckliche Zerrissenheit in der Weimarer Zeit und am Anfang der Nazizeit erlebt. Diese soziale Spannung im Lande! Deshalb wollte er aus seiner alten Schicht heraus. Und darum ist er – wie viele Menschen – zunächst den Nazis auf den Leim gegangen. Dazu hat er übrigens immer gestanden. Er hat dann aber Theologie studiert und hat sich von den Nazis innerlich und äußerlich immer weiter abgewandt.

? *Konnten Sie mit Ihrem Vater je über seine anfängliche Sympathie für die Nazis sprechen?*

vV: Wir haben diese Dinge nicht furchtbar tiefgründig diskutiert. Weil mein Vater damit offen umging. Er hat dazu gestanden. Viele waren ja am Anfang mit einer gewissen Begeisterung dabei. Nach dem Motto: »Neuaufbruch, Schranken überwinden, es geht wieder voran.« Das hat er auch meinen Kindern mit sehr großformatiger Argumentationsweise dargestellt. Und das fand ich schon souverän.

? *Was meinen Sie mit »großformatig«?*

vV: Er hat das nicht beschönigt. Er hat das nicht verschwiegen. Er hat das nicht gerechtfertigt. Er hat gesagt: »So war das. Und das waren die Gründe.« Und dann ist er nach dem Krieg als eine Art »Brückenbauer« tätig gewesen, nachdem er hier in der Hannoverschen Landeskirche Fuß gefasst hatte. Als erster Kirchenmann hat er in Hameln systematisch Gespräche mit den Gewerkschaften geführt. Das war damals verpönt! Denn Gewerkschaften waren eine ganz fremde Welt für die Kirche. Vor allem hatten meine Eltern ein außerordentlich weites kulturelles Interesse. Kultur und Bildung gehörten immer dazu. Obwohl wir ja ganz wenig Geld hatten, wurde für Bildung immer was gemacht. Bücher lesen, Reisen – wenn's geht. Jetzt bin ich gerade sechzig geworden. Im Rückblick merke ich erst, was ich den Eltern zu verdanken habe: Diese Offenheit, auch diese Gastfreundschaft in unserer winzigen Wohnung. Da waren immer irgendwelche Besucher. Manchmal übernachteten zum Beispiel bei uns in den zwei Zimmern junge Leute, die zu Hause mit ihren Eltern nicht mehr klar kamen in dieser engen Nachkriegszeit..

? *Haben Sie diese Gastfreundschaft als Kind immer positiv erlebt?*

Eckhart von Vietinghoff (rechts) mit den Eltern: »Meine Eltern haben aus allem etwas Heiteres gemacht.«

vV: Nein. Da habe ich auch geseufzt. Denn ich lief ja immer nur so mit.

? *Warum sind Sie in so einer kleinen Wohnung groß geworden? Als Pfarrer lebt man mit seiner Familie doch normalerweise in einem Pfarrhaus?*

vV: Die Gemeinde wurde damals nach dem Krieg neu gegründet. Deshalb gab es keine Kirche, keine Gemeinderäume und auch kein Pfarrhaus. Die Gottesdienste fanden in einem größeren Gartenhaus in einer Laubenpieperkolonie statt. Und da musste ich dann immer die großen Taschen mit den Gesangbüchern hinschleppen.

? *Erzählen Sie mir mehr von dieser engen, kleinen Wohnung, in der Sie aufgewachsen sind.*

vV: Da war ein langer Flur. Am Ende des Flures eine Toilette, aber kein Badezimmer. Dann war links hinten die Küche, in der alles stattfand, wo man sich auch gewaschen hat. Meine Mutter hat auf dem Kohleofen alles gekocht, auch die Wäsche. Und dann hingen die Wäscheleinen durch die ganze Wohnung, wenn schlechtes Wetter war. Dann flog da noch ein Kanarienvogel rum und tschiepelte. Und ich hatte einen ganz kleinen Tisch in der Küche, den hatten meine Eltern irgendwo bekommen. Dort erledigte ich meine Schularbeiten. Dann war da ein Wohnzimmer und ein kleines Schlafzimmer, da passten gerade die Betten meiner Eltern rein und ein kleines Bett für mich.

? *Waren Sie als Kind ein Bücherwurm?*

vV: Ich habe Bücher ausgeliehen und getauscht. Das war selbstverständlich. Alles, was es neu gab und was interessant war, wurde von meinen Eltern verfügbar gemacht. Das war gar kein Problem. Später hat meine Mutter in Hameln und Osterode auch Gemeindebüchereien aufgebaut. Bücher haben in unseren Familien übrigens eine lange Tradition: Eine Großmutter stammt aus einem großen Verlag. Bücher gehören dazu! Das haben wir bei unseren Kindern genauso gehalten.

? *Und Sie haben keinen Mangel gespürt in dieser Nachkriegszeit?*

vV: Ich hab gelegentlich einen Mangel empfunden wegen dieser schrecklichen Anziehsachen. Die waren geschenkt oder aus Carepaketen; »aufgemöbeltes« Zeug. Und dann dachte ich manchmal: »Ich hätte doch gern mal was Neues.«

? *Inwiefern ist dieser Junge im »aufgemöbelten Zeug« in der Schulzeit als Pfarrerssohn wahrgenommen worden?*

vV: Auf das Gymnasium ging damals eine sehr homogene Auswahl. Wir waren ja nur vier oder fünf Prozent eines Jahrgangs, die auf die höhere Schule kamen. Da hatten alle Schüler einen ziemlich gleichen sozialen Hintergrund: Alle Eltern hatten studiert oder waren wenigstens bildungsorientiert. Da spielte es keine Rolle, dass ich Pfarrerssohn war. Es spielte eher eine Rolle, dass mein Vater durch seine über die Gemeinde hinaus sehr großen Aktivitäten ein ziemlich bekannter Mann war.

? *Und hat Sie das manchmal genervt?*

vV: Ja, das hat mich natürlich genervt. Ewig kannten ihn welche! Da stand ich dann als kleines Kind dabei, die Erwachsenen unterhielten sich über etwas, das mich überhaupt nicht interessierte. Man musste höflich und ruhig dabei stehen, bis es wieder weiterging. Das war manchmal schon ein bisschen mühsam. Aber es war natürlich auch sehr kontaktreich. Meine Eltern hatten beide eine sehr unkomplizierte, humorvolle Art. Die haben aus allem etwas Heiteres gemacht. Ich weiß noch, dass meine Mutter in jeder Bahnunterführung immer laut gesungen oder gerufen hat, weil es da so schön hallt. Und meine Eltern haben mir vor allem beigebracht, keine Angst vor »großen Tieren« zu haben.

? *Hat diese Haltung Ihrer Eltern anderen Menschen gegenüber Sie geprägt?*

vV: Ja, das hat mein ganzes Berufsleben geprägt. Ein Beispiel: Wir hatten ein Treffen des Rates der EKD mit der Bundesregierung Kohl. Und Bundeskanzler Helmut Kohl hatte ja die Eigenart, dass er ununterbrochen redete. Aber ich wollte ein bestimmtes Thema ansprechen. Und dann bin ich in der ersten passenden Situation, als er sich mal unterbrach, dazwischen gegangen und habe unser Anliegen vorgetragen. Da war ich Anfang vierzig. Kohl war ein bisschen konsterniert, hörte dann aber zu. Und dann hat mich hinterher Minister Stoltenberg ganz ärgerlich angesprochen: »Sie können doch den Bundeskanzler nicht unterbrechen!« Aber ich finde: Der Bundeskanzler ist in seiner Funktion eine Respektsperson. Aber er muss doch auch die anderen zu Wort kommen lassen. Das gehört sich doch so!

? *Daraus klingt eine selbstbewusste Gelassenheit. Sind sie im Umgang mit Menschen auch mal gescheitert?*

vV: Ich kann ungeduldig sein. Es geht mir dann vieles zu langsam. Da muss ich aufpassen, dass ich nicht ungerecht werde. Und – das jetzt zu sagen ist natürlich schwierig: Ich habe eine ganze Menge mitbekommen, auch intellektuell. Ich kann schnell denken. Das ist ja keine eigene Leistung. Und ich werde dann ungeduldig und wirke auch so, wenn andere, die andere Gaben haben, aber diese Gabe nicht haben, nicht so mitkommen. Die Gefahr ist, dass ich sie überfahre oder einfach beiseite lasse. Dass ich schneller bin, als ich sein sollte.

Und ich habe eine zweite Seite, die auch ihre Schwächen hat: Ich entwickele eine ungeheure Aversion, wenn ich das Gefühl habe, ich werde vereinnahmt. Das kann ich nicht aushalten! Und daher bin ich manchmal ein Einzelgänger. Das ist dann die Schattenseite. Aus Gemeinschaften, in denen ich das Gefühl habe, die üben einen Zwang auf mich aus, da schleiche ich mich seitwärts raus.

? *Nun sind Sie als Präsident des Landeskirchenamts ja ständig auch als Kirchenpolitiker unterwegs. Und da gibt es jeden Tag sicher Dutzende von Situationen, wo man Koalitionen schmiedet und mal mit der einen, mal mit der anderen Gruppe zusammenarbeitet. Wollen Sie mir ernsthaft sagen, dass Sie sich aus diesen ganzen gruppendynamischen Prozessen raushalten können?*

vV: Sie werden mir das nicht glauben: Aber ich ziehe ganz wenig Strippen! Ich gehöre zu keiner kirchenpolitischen Gruppe. Weil Gelingendes und Misslingendes ganz unterschiedlich verteilt ist. Und mal haben die *einen* Recht, mal haben *die anderen* Recht. Ich bin kein Strippenzieher im klassischen Sinne. Ich habe mich auch immer mehr als Beamter empfunden denn als Parteipolitiker. Ich weiß nicht, ob es Karriere fördernd ist in der heutigen Zeit, sich so zu verhalten. Aber für mich war und ist es genau das Richtige. Mit offenen Karten spielen! Menschen, die Machtpolitiker sind, müssen andere Menschen instrumentalisieren. Das kann ich nicht. Das will ich auch nicht. Und deswegen habe ich auch alle Anfragen aus der Politik, die im Laufe der Jahre immer wieder gekommen sind, abgelehnt.

? *Sie sind Jurist, Beamter. Wie erleben Sie den Einfluss der Parteien in unserer Gesellschaft?*

vV: Mir war am Anfang meines Berufslebens klar, dass ich in die öffentliche Verwaltung gehe. Ich war dann nur sehr verblüfft, als ich feststellte, wie parteipolitisiert die Auswahl war. Da habe ich mich erschrocken! Da war ich denen – das muss man wohl sagen – versehentlich dazwischen geraten. Denn ich war in keiner Partei. Und ich dachte sogar, das sei für einen Beamten auch gar nicht angebracht. Da war ich ganz altmodisch.

? *Können Sie sich an eine Situation erinnern, wo Ihnen diese parteipolitische Einflussnahme besonders deutlich geworden ist?*

vV: Als ich Oberstadtdirektor in Hildesheim war, gab es einen ganz starken Willen, in einem Landschaftsschutzgebiet ein neues Baugebiet auszuweisen. Und die Fraktion, die mich vorgeschlagen und zum Oberstadtdirektor gewählt hatte, war sehr für diese Ausweisung. Da haben natürlich auch wirtschaftliche Interessen mitgespielt. Das hat mir aber nicht den geringsten Eindruck gemacht. Ich habe gesagt: »Das kommt nicht in Frage! Das machen wir nicht.« Der Konflikt ging bis hin zu Abrissprozessen: Wir haben Leute aus ihren Häusern rausgesetzt und die Gebäude abgerissen, weil die Häuser rechtswidrig gebaut waren. Da habe ich aber keine Scheu gehabt. Dafür ist man Beamter! Und ich meine, der Beamte ist ja kein Mensch mit Ärmelschonern, der auf die Mittagspause wartet. Sondern seine Unabhängigkeit und Unkündbarkeit sind seine Freiheit. Und dann muss er auch was aus dieser Freiheit machen.

? *Erleben Sie Ihr Idealbild von einem Beamten in Ihrem Berufsalltag häufig?*

vV: Es gibt solche, die diesem Idealbild nahe kommen. Aber ich könnte mir noch mehr vorstellen.

? *Lassen Sie uns noch einmal zu Ihrem Vater zurückkommen. Er hat als Gemeindepfarrer beobachtet, wie sein Sohn Karriere in der Kirchenhierarchie gemacht hat. Wie hat er das wohl erlebt?*

vV: Mein Vater hat mit Sicherheit ein bisschen gelitten, dass ich von meiner Tätigkeit als Präsident des Landeskirchenamts so gut wie nichts erzählt habe. Ich dachte: Das sind zwei Welten. Die Familie soll nicht von der dienstlichen Welt mitgesteuert und mitgeprägt werden.

? *Hat Ihr Vater Ihnen mal gesagt, dass er darunter leidet?*

vV: Nein. Das hat er nie gesagt. Er hat auch nie bohrend nachgefragt. Die Balance von Nähe und Distanz: das ist ja das Geheimnis jeder Verbindung. Das Geheimnis einer Familie, das Geheimnis einer Ehe. Und ich brauche im ganz engen Kreis Nähe, aber auch da brauche ich ein Stück Distanz.

? *Können Sie sich vorstellen, dass Ihr Vater Konkurrenzgefühle hatte, weil sein Sohn in der Kirche Karriere gemacht hat, wohingegen er als Gemeindepfarrer die tägliche Alltagsarbeit gemacht hat?*

vV: Das Gefühl habe ich bei ihm nie gespürt. Er war kein auf Karriere angelegter Mann. Er war zuletzt Superintendent in Osterode. Und er fand in seinem ganzen Berufsleben ein außerordentliches menschliches Echo. Ich hatte eher das Gefühl, dass er auch ein wenig stolz war – ohne dass er das je so gesagt hätte.

? *Wann haben Sie besonders gespürt, dass Ihr Vater stolz auf Sie war?*

vV: Er war da, als ich hier ins Amt eingeführt wurde. Das hat ihn damals sehr gefreut. Dann hat er mir einen kurzen Brief geschrieben, der liegt noch immer auf meinem Schreibtisch unter der transparenten Schreibunterlage. In diesem Brief hat er in seiner schönen Schrift und ganz ohne Sentimentalitäten geschrieben: »Ich hoffe, dass Dich auf Deinem Weg folgende Bibelsprüche begleiten…« Mehr hat er nicht gemacht. Diesen Brief habe ich hier jetzt seit nun 21 Jahren liegen. Und der Briefbogen ist noch nicht vergilbt (lacht).

? *Schon Ihr Vater hat sich nach dem Krieg in Hameln als »Brückenbauer« verstanden. Er hat Kontakte zu den Gewerkschaften geknüpft. Und auch Sie verstehen sich als*

»Brückenbauer«, der Strukturen überblicken und neue Strukturen schaffen kann. Ist das Ihr Lebensthema?

vV: Das trifft es genau. Ich will nicht zum blinden Parteigänger einer Sache werden. Sondern ich will immer überlegen: Wenn du in den Schuhen des anderen gehst, dann ist die Richtung vielleicht auch nicht so falsch. Davon kannst du auch lernen. Dabei gehe ich aber immer von eigenen Grundüberzeugungen aus und schaue dann, ob ich die korrigieren muss oder nicht.

? *Konkret: Welche Rolle soll die evangelische Kirche in der Gesellschaft der Zukunft spielen – was ist Ihre Vision?*

vV: Sie soll Volkskirche bleiben. Allerdings nicht in dem Sinne, dass sie unbedingt Mehrheit sein muss. Aber dass in ihr alle Prägungen, alle Schichten, alle Mentalitäten, alle Ausrichtungen, alle Generationen, die unsere Gesellschaft bilden, präsent sind und Gehör finden. Dass die Kirche die Gesellschaft als solche in ihrer Vielfalt widerspiegelt. Dass sie mitten im Leben ist. Und sie soll die Religion der Freiheit und der Verantwortung jedes Einzelnen hoch halten. Dass sie Freiraum schafft, indem sie klar sagt, dass wir ohne Gott auf uns selbst geworfen sind. Denn wenn der Mensch der Maßstab aller Dinge wird, dann wird's furchtbar! Und dann soll die Kirche keine Bange haben vor den Strukturproblemen, den zurückgehenden Mitgliederzahlen, den Finanzproblemen. Das sind alles Dinge, die man irgendwie bewältigen kann und bewältigen wird! Wir müssen weg von der Orientierung auf die Tagesprobleme. Schließlich sind wir keine Karnickel, die auf die Schlange gucken und warten, wann sie nun endlich verschlungen werden. Also ich sehe mit Mut in die Zukunft.

? *Dennoch spüren manche Verzagtheit und Zukunftsangst in der Kirche. Was sagen sie denen?*

vV: Erstens: Diese konkreten Probleme sind eine Belastung. Und wir müssen sie so gestalten, dass sie sozial und menschlich verträglich und in schluckbaren Portionen organisiert werden. Dass man nicht so lange mit den nötigen Maßnahmen wartet und dann kommt plötzlich ein ganz großer Crash, weil man zu lange gewartet hat. Wir müssen etwas tun und das müssen wir rechtzeitig tun und das muss vernünftig gemacht werden. Und das Zweite ist: Wenn wir davon predigen, dass wir das wandernde Gottesvolk sind, dann sind die Institutionen und die Gebäude doch nicht das, woran unser Herz hängt! Wenn es nötig ist, dann werde ich dafür eintreten, dass das Hannoversche Landeskirchenamt abgeschafft oder verändert wird. Und kaum einer in der Kirche, vor allem kein Pfarrer, muss ja wirklich existenzielle Sorgen haben. Da ist mir manchmal zuviel kleinbürgerliche Besitzstandsorientierung, die die eigentlich befreienden Möglichkeiten überdeckt. Das kann ich gar nicht verstehen. Da werde ich ungeduldig. Da darf das alltagspraktische Verhalten die Botschaft nicht so verdunkeln, dass man sagt, die Botschaft ist wohl selbst nichts mehr wert.

? *Die Gemeindeglieder werden immer älter und es leben immer mehr Menschen aus anderen Kulturkreisen in Deutschland: Wie geht die Kirche mit diesen Herausforderungen um?*

vV: Ich bin ein lebhafter Rufer dafür, dass wir der jungen Generation und den jungen Familien unsere Hauptkraft widmen. Denn sie haben es in der zukünftigen Entwicklung von allen Generationen am schwersten. Wir hinterlassen ihnen ein zerrüttetes Sozialsystem, einen überschuldeten Staat, eine Kirche, die Schwierigkeiten hat. Und wir sagen: »Ihr sollt das alles richten.« Wir dagegen haben es uns in meiner Generation in den letzten sechzig Jahren ganz angenehm gemacht. Es war zwar am Anfang nach dem Krieg schwer, aber es ging immer bergauf. Meiner Generation wird man mal den Vorwurf machen: »Ihr habt die Herausforderungen zu spät erkannt und dann nur so zögerlich darauf reagiert, dass ihr selbst noch gut davon gekommen seid.« Die jungen Eltern haben es am schwersten. Beide müssen einen Beruf ausüben, weil man das Leben sonst nicht mehr finanzieren kann. Beide sollen im Beruf ganz flexibel sein, von heute auf morgen umziehen können. Dann verlangt man: »Ihr müsst viele Kinder kriegen!« Dabei ist das Bildungssystem auch nicht, wie es sein sollte. Und: »Ihr müsst uns, wenn wir dann nicht mehr können, auch noch die Rente bezahlen und uns pflegen.« Das ist eine Katastrophe, die wir da angerichtet haben! Das treibt mich stark um. Und da kämpfe ich wie ein Löwe, dass wir der jüngeren Generation nicht noch mehr Lasten aufbürden.

? *Wo können Sie in Ihrem Bereich diese Katastrophe lindern?*

vV: Ich plädiere dafür, sich nicht wie ein Rudel von Moschus-Ochsen in Grönland einzuigeln und dazusitzen und zu klagen, wie schlimm es draußen ist. Stattdessen: Raus gehen, sich dem Wind stellen, Neues versuchen, Mut zum Risiko und Mut zum Irrtum! Denn schließlich gilt: Wenn es die Christen nicht mehr gäbe, dann wäre das hier eine eiskalte, mörderische Welt. Dann zählt nur noch der Börsenkurs als sinnstiftendes Element. Und das ist doch ein bisschen wenig. Vor allem, wenn der Börsenkurs fällt.

Eckhart von Vietinghoff, **1944 in Göttingen. Präsident des Landeskirchenamtes der hannoverschen Landeskirche. Der promovierte Jurist leitet seit 20 Jahren das Kirchenamt der mit 3,1 Millionen Mitgliedern größten evangelischen Landeskirche. 1980 – 1984 Oberstadtdirektor in Hildesheim.*

Henning Harnisch

Fragebogen: Pfarrerskinder

Foto: privat

Bitte vervollständigen Sie die folgenden Sätze:

1. Das Sonntagsfrühstück meiner Kindheit war...

   Schön, weil mit Ei und Toast.

2. Wenn ich an mein Elternhaus denke, dann...

   freue ich mich.

3. Das letzte Mal, als meine Umwelt mich als „Pfarrerskind" erlebt hat...

   Die Medien lieben solche Infos.

4. Wenn ich heute an einer Kirche vorbeikomme, dann...

   komme ich an einer Kirche vorbei.

5. Ich bin (k)ein „typisches" Pfarrerskind, weil...

   mein Vater Theologe ist.

Der Basketball-Star über Warmduscher und Hallensportler

Ein Nesthäkchen mit Hang zum Exzess

Warum der Theologensohn den Sport zu seiner Ersatzreligion erklärt hat

Im Elternhaus des Basketball-Stars Henning Harnisch wehte eine steife Brise des evangelischen Geistes, obwohl er im engeren Sinne kein Pfarrerskind ist: Sein Vater ist Theologieprofessor in Marburg und somit Lehrer vieler Pfarrergenerationen. Henning Harnisch war in den 90er Jahren Deutschlands populärster Basketball-Profi: 1993 Europameister mit der Nationalmannschaft, zwischen 1990 und 1998 neun Mal deutscher Meister mit Bayer Leverkusen und Alba Berlin, dazu Pokalsiege und Olympische Spiele. An diese Erfolge knüpft Harnisch heute an: Er ist Team-Manager beim Basketball-Club Alba Berlin. Ausgerechnet am Tag unserer ersten Verabredung hatte er in seiner neuen Funktion die erste Feuertaufe zu bestehen: Während einer dramatischen Krisensitzung wurde der Alba-Trainer gefeuert, unser Interview musste verschoben werden. Doch zum zweiten Gesprächstermin einige Wochen später in einem Berliner Restaurant kam Henning Harnisch überpünktlich, auskunftsfreudig – und steckte sich zum Cappuccino erst mal eine Zigarette an:

? *Hallo Herr Harnisch: Sie sind Sportler und rauchen? Das überrascht mich!*

H: Eigentlich ist es nur eine miese Sucht. Mit dem Rauchen habe ich angefangen, weil die Raucherecke damals in der Schule der coolere Ort war. Später als Profisportler entwickelt man schnell Alltagsrituale, weil der Tagesablauf stark durchstrukturiert ist – besonders am Spieltag. Und eines meiner Rituale war, dass ich bis zum Spiel fünf Zigaretten geraucht habe: Die vierte Zigarette nach der Nussecke nachmittags zu Hause und die fünfte dann im Auto. Hört sich wahnsinnig blöd an. Aber so war es – so musste es sein.

? *Und wenn mal keine Nussecken da waren?*

H: Als ich von Köln nach Kreuzberg gezogen bin und es waren keine Nussecken mehr da, musste irgendwas anderes herhalten. Wobei das sehr, sehr schwierig war! Denn in Kreuzberg gibt es sehr wenig gutes Gebäck. Teilchen, wie man bei uns in Hessen sagt.

? *Mittlerweile sind Sie Team-Manager von Alba Berlin. Wie fühlen Sie sich in Ihrer neuen Rolle?*

H: Ich war genau hundert Tage Team-Manager, da wurde der Trainer entlassen. Der Verein ist jetzt fünfzehn Jahre alt – aber das ist noch nie passiert. Das war der härteste Teil eines Crashkurses, der größtenteils wunderbar ist, weil es so aktiv ist. Nach sechs Jahren Uni macht es großen Spaß, von der Theorie in die Praxis zu wechseln. Aber es strengt auch sehr an. Das merkt vor allen Dingen meine Familie, um die ich mich in den letzten Jahren viel kümmern konnte. Als Student geht das gut. Wir haben zwei Töchter: Ella ist sechs Jahre alt und Nina zwei. Die sehe ich jetzt nur noch sehr sporadisch. So richtig wie im Klischee: der Familienvater, der abends nach Hause kommt und selber müde ist. Und die Kinder, die quengeln müde rum: Das ist dann die sogenannte »Qualitytime«, die ich mit meinen Töchtern habe. Das ist schon sehr schwierig und anstrengend.

? *Nicht nur Ihr Arbeitspensum hat sich verändert: Als Spitzensportler hatten Sie immer einen sehr starken Fokus auf Ihren Körper. Wie ist das heute?*

H: Ich ruhe nicht mehr in meinem Körper, sondern muss mich permanent »verhalten«. Das strengt mich sehr an, weil bestimmte Körperroutinen einfach noch nicht da sind.

? *Was meinen Sie damit?*

H: Es ist sehr anstrengend, wenn man in einer neuen beruflichen Situation unsicher ist und sich öfter vorstellt: »Ich muss mich jetzt irgendwie ›verhalten‹«. Das ist natürlich vor allem gedanklich, hat aber auch einen körperlichen Ausdruck.

? *Worin besteht dieser körperliche Ausdruck?*

H: Es ist eine Anspannung. Als Profi-Sportler war ich Anspannung gewöhnt: Jedes Spiel ist Stress. Jetzt als Team-Manager ist mein Körper ruhig gestellt, ich habe einen anderen Stress. Zum Beispiel das erste Essen mit der Mannschaft: Da habe ich darauf geachtet, *wie* ich esse. Man fragt sich plötzlich, ob man Dinge richtig macht. Und dann ist die nächste Frage: Gibt es dafür eine Werteskala? Was wäre dafür die Norm? Und dann denkt man darüber nach: Was ist das eigentlich, ein Sportmanager – wie muss der sich verhalten? Gibt es Vorbilder? Aber irgendwann muss man dahin kommen, dass man sich selber als der denkt, der man ist. Und sich selbst mit seinen Gefühlen ernst nimmt. Aber das ist ein Prozess, wie so vieles. Ich möchte dahin kommen, dass ich in meiner neuen Rolle authentisch bin – auch wenn das eigentlich ein Widerspruch ist: »Rolle« und »authentisch«.

? *Sind Sie ein disziplinierter Mensch, der sich stark kontrolliert?*

H: Prinzipiell ja. Aber immer auch mit dem Hang zum Exzess. Das zieht sich durch meine Biographie. Als Sportler ist die Selbstkontrolle und das kontrollierte Leben eigentlich Pflicht, weil man es sonst nicht schafft. Da ist es sehr wichtig, einen Tunnelblick zu haben und sehr zielgerichtet zu sein. Allerdings war das noch eher harmlos, als ich mit dem Basketball angefangen habe. Ich bin Teil der ersten Profigeneration hier in Deutschland. Ich gehörte zu den ersten Spielern, die ihren ganzen Tagesablauf auf den Basketball ausgerichtet haben. Man achtet zum Beispiel auf die Mahlzeiten. Aber mich haben eben auch immer andere Dinge im Leben interessiert.

? *Zum Beispiel?*

H: Rauchen (lacht). Eigentlich waren es ganz normale Dinge wie lesen und Musik hören. Aber das ganz exzessiv: *Ganz* viel lesen. *Ganz* viel Musik hören. Ich war sehr neugierig auf andere Lebenswege. Zwischen zwanzig und dreißig probiert man ja sehr viel aus und geht mit seiner eigenen Biographie sehr viel spielerischer um.

? *Ich möchte noch mehr über Ihre exzessive Seite erfahren: Sie haben viel gelesen, viel Musik gehört...*

H: Das ist noch nicht wirklich ein Exzess...

? *Eben! Worin bestand also der Exzess? Sind Sie mal so richtig abgestürzt?*

H: Drogen oder so? Nein. Ausgehen, Nachtleben: Das ist ja auch schon Exzess. Ich habe zuviel getrunken. Ich habe zuviel geraucht. Vielleicht ist »Exzess« auch das falsche Wort. Als Leistungssportler dreht sich alles um den Sport mit allen Konsequenzen. Und dann ist alles, was nur minimal davon abweicht, automatisch dramatischer. Deswegen das Wort »Exzess«. Im Vergleich zu normalen Leuten zwischen zwanzig und dreißig ist das geradezu albern und lächerlich.

? *Wie sind Ihre Eltern mit Regeln umgegangen, mit Disziplin, mit dem Tagesablauf?*

H: Wir hatten früher klare Tageszeiten. Das ist ein Wert, den ich damals nicht so gesehen habe und erst jetzt zu schätzen weiß, wo ich selbst Kinder habe. Meine Mutter war Grundschullehrerin und immer mittags da. Und mein Vater hat größtenteils zu Hause gearbeitet. Wir haben zusammen gefrühstückt, zusammen Mittag gegessen und zusammen Abendbrot gegessen. Damit verbunden gab es schon klare Regeln, gegen die ich mich als Kind und Jugendlicher gewehrt habe: bestimmte moralisch-ethische Grundwerte. Ganz viele Kinder finden ihre Familie peinlich. Und so ging mir das auch: Da

Henning Harnisch (Mitte) mit Eltern und Geschwistern im Dänemark-Urlaub: »Ganz viele Kinder finden ihre Familie peinlich. Und so ging mir das auch.«

denkt man: »Warum haben wir keinen BMW, sondern nur so einen läppischen Fiat?«

? *Abgesehen von der Automarke: Was fanden Sie als Kind noch peinlich an Ihrer Familie?*

H: Als Kind war ich ziemlich oberflächlich. Da hätte ich es gern etwas »neureicher« gehabt. So einen bestimmten Glamour. Ich war zum Beispiel im Tennisclub und die anderen Jungen und Mädchen hatten alle schicke Klamotten an. Und ich musste eine Fußballhose und ein T-Shirt tragen. Denn meine Eltern hatten keine Lust, mir für hundert Mark ein

Marken-Poloshirt zu kaufen. Meine Eltern haben in diese soziale Klasse letztlich gar nicht hinein gepasst. Das hat die auch gar nicht interessiert. Und die hätten auch gar nicht verstanden, warum es mir wichtig ist, auch noch eine Tennistasche mit Markennamen drauf zu haben. Und wenn mein Vater mal einen Nachmittag beim Tennisunterricht zugeschaut hätte, dann wäre mir das bestimmt eher unangenehm gewesen. Weil er nicht so lässig war wie zum Beispiel der Vater eines anderen Kindes, der ein Autohaus hatte.

? *Sehen Sie das heute auch noch so?*

H: Nein! Im Nachhinein habe ich großen Respekt vor meinen Eltern, dass sie sich davon klar abgegrenzt haben und dadurch auch andere Werte vermittelt haben. Diese Werte erscheinen mir jetzt vollkommen richtig, aber damals war das für mich schwierig. Dieses Aufwachsen im »alternativen« Marburg, mit Norwegerpulli und selbstgestrickten Socken.

Und dann waren wir auch noch eine »Vorstadtfamilie«, wohnten in Marburg-Cappel.

? *Welche Erinnerungen verbinden Sie noch mit Marburg-Cappel?*

H: Absolute Kontinuität. Der Bruder ist vier Jahre älter, die Schwester sieben Jahre älter. Unser Haus: Ein warmes, kleines Haus mit drei Etagen. Sehr viele Bücher, sehr viele Tonvasen und Tonkrüge. Dann der Geruch von Bohnenkaffee. Das Mittagessen, danach Mittagsschlaf. Das Haus war ruhig zwischen halb zwei und halb drei. Und dann das Geräusch um drei Uhr: Die elektrische Kaffeemahlmaschine. Ich erinnere mich an warme Farben, ein kleiner, aber netter Garten, im Sommer Kaffeetrinken auf der Terrasse. Unglaublich friedlich, angenehm und schön.

? *Ihr Vater war Theologieprofessor. Inwiefern haben Theologie und Religion in Ihrem Elternhaus eine Rolle gespielt?*

H: Indirekt durch bestimmte Werte, die aber nicht im engeren Sinne religiös, sondern menschliche Grundwerte sind.

? *Beispiele?*

H: Was ist gut, was ist schlecht? Was ist gerecht, was ungerecht? Gastfreundlichkeit war wichtig: Wir hatten immer viel Besuch. Das war selbstverständlich. Kirche hat eigentlich gar keine Rolle gespielt. Der Konfirmandenunterricht war zwar ein Muss. Aber meine Eltern sind damit recht entspannt umgegangen. Und mich hat das nicht interessiert. Wir haben zu Hause weder gebetet noch gesungen. Themen wie Aufklärung oder Nationalsozialismus waren wichtig. Selbst als ich dann angefangen habe zu studieren, hat mein Vater – obwohl selbst Professor – keine große Rolle gespielt.

? *Kann es sein, dass sich Ihre Eltern bei den beiden älteren Kindern schon so verausgabt hatten, dass Sie als Nesthäkchen in dieser Hinsicht weniger Aufmerksamkeit bekommen haben?*

H: Das kann sehr gut sein. Meine Schwester als Älteste hat da härtere Zeiten durchmachen müssen als ich. Die Regeln waren strenger.

? *Und wie geht Ihre Schwester heute mit dem Thema Religion um?*

H: Meine Schwester lebt seit fünfzehn Jahren in den Vereinigten Staaten. Sie hat drei Kinder. Und da spielt Religion tatsächlich eine größere Rolle. Das liegt wahrscheinlich auch an dem Land. Kirche ist da auch ein sozialer Ort – gerade jetzt während der Bush-Regierung. Meine Schwester und ihr Mann sind beide an der Universität in Connecticut, eine richtig »linke« Familie. Und da ist die Kirche als sozialer Ort wichtig.

? *Wie erklären Sie sich, dass ihr Vater das, womit er sich beruflich beschäftigt hat, nicht in die Familie eingebracht hat – Themen wie Glauben und Religion?*

H: Meine Erklärung ist relativ neu: Ich habe selbst Kulturwissenschaften und Film studiert und dadurch das Arbeitsleben meines Vaters noch einmal besser verstanden. Sein Schwerpunkt innerhalb der Theologie war die Gleichnisforschung, und das geht ganz stark in Richtung Literaturwissenschaften. Mein Vater wollte niemanden bekehren. Er war ein Akademiker, der mit literaturwissenschaftlichen Methoden versucht hat, über christliche Texte zu reden. Und das ist ein großer Unterschied zu einem Gemeindepfarrer.

? *Wie ist Ihr Verhältnis zu Ihren Eltern heute?*

H: Meine Freundin und ich leben mit unseren Kindern in einer Großstadtwohnung mitten in Berlin. Da möchten wir oft fliehen. Und dann fahren wir nach Marburg, zu meinen Eltern – nach Hause. Es ist einfach ein friedlicher, guter Ort und der Wald ist gleich nebenan und da ist man gerne. Meine Freundin ist mit unseren Kindern gerade heute nach Marburg gefahren. Es bietet sich halt einfach an. Es fahren eigentlich alle gerne dahin.

? *Sie kennen sich als studierter Kulturwissenschaftler ja ganz gut aus mit Milieus: Wie würden Sie Ihr Elternhaus einordnen?*

H: Sozialdemokratisch-protestantisch.

? *Sozialdemokratisch verstehe ich. Aber warum protestantisch – nach allem, was Sie eben gesagt haben?*

H: Ich frage mich das selber, wie ich protestantisch definiere. Ich habe zwar immer ein bestimmtes Bild vor Augen, aber ich könnte keinen Aufsatz schreiben: »Was ist das eigentlich: protestantisch?« Ist protestantisch auch, dass meine Eltern traditionell ohne Heizung schlafen? So dass ich das eiskalte Schlafzimmer meiner Eltern ›Polarzimmer‹ nenne. Ist das auch protestantisch? Oder ist das einfach gut für die Gesundheit? Ich weiß es nicht!

? *Nun interessiert mich natürlich, bei welcher Temperatur Sie schlafen.*

H: Unsere Heizung ist im Schlafzimmer auch immer aus. Meine Freundin möchte es so. Mir ist das Zimmer eigentlich zu kalt. Ich hätte es gern wärmer.

? *Dann sind Sie also der Typ »Warmduscher«.*

H: Genau: Warmduscher. Eben der Typ Hallensportler (lacht).

? *Ihr Vater scheint also aus härterem Holz – wenn man sein protestantisch-kühles Schlafzimmer als Maßstab nimmt. Erzählen Sie mir mehr von ihm.*

H: Er ist schon eine würdige Figur: Schmal und für seine Generation groß gewachsen. Und eigentlich kenne ich ihn nur mit grauen Haaren. Im Sommer fährt er mit dem Fahrrad zur Uni – sportlich! Aber er hat Sport nie zu seinem Lebensprinzip erklärt, ist auch nicht so der Vereinstyp. Dafür lebt er zu zurückgezogen. Freunde sind allerdings immer wichtig gewesen: Mit denen ist er immer wandern oder Skifahren gegangen. Und er ist sehr ehrgeizig, was seinen Beruf angeht.

? *Ein Vater, der viel für seine Kinder da war?*

H: Eher nicht. Obwohl er viel zu Hause gearbeitet hat, war er nicht wirklich präsent. Den ganzen Alltag, diese normalen Dinge, die zwischen den Mahlzeiten passieren, die hat er nicht mitbekommen. Da war er oben in seinem Arbeitszimmer, mit geschlossener Tür. Ab und zu ist er auf Clogs rausgekommen und hat sich einen Kaffee geholt. Dann ist er sofort wieder im Arbeitszimmer verschwunden

? *Haben Sie Ihren Vater mal predigen hören?*

H: Ja, es gibt an der Uni die Unipfarrkirche. Da habe ich ihn zweimal predigen gehört. Aber ich kann noch nicht mal sagen, dass das erhaben war: Er da oben auf der Kanzel mit diesem... diesem... Na, wie nennt man noch mal die Berufskleidung von Pfarrern?

? *Talar.*

H: So weit geht es schon bei mir! Ich komme noch nicht mal auf das Wort »Talar«. Ich habe echt keine Ahnung. Es gibt so ein Standardwerk für Theologen über Gleichnisforschung, geschrieben von meinem Vater. Selbst damit kann ich wenig anfangen.

? *Haben Sie es gelesen?*

H: Ich habe es versucht. Aber es war zu speziell.

? *Soweit also zu Ihrem Vater. Was für ein Mensch ist Ihre Mutter?*

H: Meine Mutter hat die warme Seite der Familie ausgelebt. Sie hat das Leben meines Vaters als sehr sinnvolle Ergänzung mitgelebt. Das hängt vielleicht auch mit der Generation zusammen: Meine Eltern sind keine Achtundsechziger, sondern gehören noch in die Zeit davor. Die haben die Achtundsechziger-Bewegung zwar auf eine spielerische Art mit erlebt, aber nicht mit so großen Experimenten, nach dem Motto: ›Wir machen jetzt freie Liebe‹. Meine Mutter hat das Familienleben gemanagt. Wenn ich unser Haus als gastfreundliches Haus in Erinnerung habe, dann war sie eigentlich die Gastfreundlichkeit in Person.

? *Sie kommen aus einem sehr bildungsnahen Haushalt. Ihr Vater Professor, Ihre Mutter Lehrerin: Da ging es immer um Bildung und Bücher. Und dann ist da das Nesthäkchen Henning, der sich leidenschaftlich für Sport interessiert. Wann haben Ihre Eltern gemerkt, dass dieses Interesse ernst zu nehmen ist?*

H: Auch da hatten meine Geschwister schon Vorarbeit geleistet: Meine Schwester war echt eine begnadete Sportlerin. Und auch mein Bruder war ein sehr guter und erfolgreicher Volleyballer. Und dann kam ich und habe das auf die Spitze getrieben. Meinen Eltern war es im Hinblick auf ihren sozialen Status nie wichtig, wie gut ihre Kinder im Sport sind – anders als diese klassischen Tenniseltern. Meine Eltern fanden es sicher einfach gut, dass ich jeden Tag beschäftigt war. Eltern finden das sicher prinzipiell gut: Gerade in diesem kritischen Alter ab vierzehn Jahren, wenn ihre Kinder dann nicht kiffen, sondern in Sporthallen sind. Ich glaube auch, dass ich dadurch ausgeglichener geworden bin. Ich war das Nesthäkchen, galt immer als besonders schwierig und habe viel Ärger gemacht. »Zwischen sechs Jahren und zwanzig: nur Terror«, sagt meine Mutter.

? *Was war das für Terror?*

H: Ich habe zu Hause provoziert und war laut. Ich habe Regeln in Frage gestellt. Ich war ein Sturkopf. Mein Vater war ein friedlicher Mensch. Und ich wollte ausprobieren, wie weit ich gehen muss, damit er mir eine haut.

? *Und? Ist das jemals passiert?*

H: Das ist vielleicht ein- oder zweimal passiert, ich weiß es nicht mehr. Aber das war auch vollkommen verständlich. Vor diesem Hintergrund ist es für meine Eltern sicher angenehm gewesen, dass ich immer häufiger weg war wegen des Sports. Allerdings war immer klar, dass die Schule laufen muss. Wie Sie schon sagen: »Bücher und Bildung«: das muss man schaffen!

? *Haben Sie sich in Ihrer Familie wohl gefühlt?*

H: Ich habe mich als Außenseiter gefühlt. Aber es gibt zwei Arten von Außenseitern: Es gibt die, die an den Rand gedrängt werden und jene die sich selbst aus Luxusmotiven zu Außenseitern stilisieren. Und ich gehörte zur zweiten Kategorie. Es hat mir einfach gefallen, mich »besonders« zu fühlen.

? *Können Sie sich an das erste Mal erinnern, als Ihre Eltern so richtig stolz auf Ihre sportlichen Leistungen waren?*

H: Sie haben Ihren Stolz nie wirklich gezeigt, was ich im Nachhinein auch echt gut finde. Die kannten dieses ganze System auch nicht – mit Auswahlmannschaften und so. Dabei hat mein Vater mich durchaus am Wochenende auch zu Auswärtsspielen gefahren. Aber es war nicht so, dass er danach gesagt hat: »Du hast echt super gespielt«. Der Stolz kam dann eher später: Als ich in der Nationalmannschaft gespielt habe und richtig große Erfolge hatte.

? *Hat Sie das gekränkt: Dieses Desinteresse Ihrer Eltern an Ihrem Sport?*

H: Nicht wirklich, nein.

? *Wenn es also nicht Ihre Eltern waren, deren Urteil Ihnen wichtig war: Wer war derjenige, der mit Ihnen gefiebert hat, Ihnen bei den Spielen die Daumen gedrückt hat? Derjenige, auf den SIE geschaut haben, ob er auch wirklich sieht, was Sie da leisten?*

H: Mein großer Bruder. Wir hatten in der Schule eine Volleyball AG und eine Basketball AG. Mein Bruder ist vier Jahre älter und hatte Volleyball belegt. Also war klar: Das mache ich nicht. Dann habe ich gesehen: Der ist gut! Deshalb wollte ich auch gut sein. So gut wie er – und eigentlich besser.

? *Und sind Sie besser als Ihr Bruder geworden?*

H: Ich glaube weiterhin, dass er der größere Sportler ist. Weil er ein viel größeres Sportlerherz hat. Er ist jetzt auch Sportlehrer in Mecklenburg-Vorpommern. Aber was so die sportliche Spitze angeht, da habe ich ihn getopt (lacht).

? *Hat er das jemals gewürdigt, dass Sie ihn sportlich übertroffen haben?*

H: Ja. Er hat das sehr wohlwollend begleitet. Er war immer da und war auch stolz auf mich. Obwohl es aus seiner Sicht sicher keine einfache Situation war. Vielleicht habe ich da auch etwas ausleben können, was er selber auch ganz gerne gehabt hätte.

? *Lassen Sie uns mal einen Sprung in die Gegenwart machen. Ich habe verstanden, dass Sie selber keine große Affinität zu Religion und Kirche haben. Mittlerweile haben Sie selbst zwei Töchter. Wie wachsen die beiden im Hinblick auf Religion auf?*

H: Das ist sehr lustig. Denn meine Freundin ist das Kind von 68er-Eltern und sehr kirchenfern erzogen worden. Dort galt das Dogma »Kirche nein«. Ihr ist Kirche mittlerweile wichtiger als mir. Sie möchte gern mehr darüber wissen. Aber was mich selber als Vater angeht: Ich fördere das nicht. Wir haben einen Weihnachtsbaum und singen zu Weihnachten die christlichen Lieder. Aber das ist alles.

? *Wie gehen Ihre Eltern damit um?*

H: Bei denen ist es ja selbst kein großes Thema. Aber jetzt muss ich noch etwas erzählen, was mir gerade einfällt: Einmal habe ich mit meinen Eltern doch ein richtiges Problem bekommen im Zusammenhang mit Kirche: Das war, als ich angefangen habe, richtig Geld zu verdienen mit meinem Sport.

Und da habe ich darüber nachgedacht, aus der Kirche auszutreten und die gesparten Steuern einer Organisation zu spenden, die mir näher steht – Greenpeace zum Beispiel. Und das habe ich bei einem Abendgespräch in Marburg meinen Eltern erzählt. Da war ich schon richtig volljährig, kein Kind mehr. Und da haben sie erstens absolut sauer reagiert und waren zweitens überhaupt nicht normal gesprächsbereit. Die haben einfach dicht gemacht! Die wollten das einfach nicht verstehen. Sie haben gesagt: »Kirche ist ein wertvolles Gut und das macht man einfach nicht: auszutreten.«

? *Wie erklären Sie sich, dass Ihre Eltern so sensibel auf Ihre Idee reagiert haben?*

H: Keine Ahnung. Und das witzige ist: Ich bin dann auch wirklich nicht ausgetreten. Auch später nicht. Manchmal denke ich, es wäre ein schlechtes Omen, jetzt noch auszutreten. Ich bin weiterhin Kirchenmitglied, aber so was von passiv! Ich wüsste noch nicht einmal, wo in meiner Nachbarschaft die nächste Kirche ist.

? *Wenn man über Henning Harnisch und seine neue Rolle als Team-Manager von Alba Berlin recherchiert, dann fällt sehr schnell auf, dass Sie schon jetzt als der* good guy *des Basketball gelten. Zum Beispiel hieß es in einem Artikel, Sie hätten dem tobenden Trainer der gegnerischen Mannschaft eine »Moralpredigt« gehalten. Sind Sie so einer? Sind Sie der* good guy *des Basketballs?*

H: Gerade innerhalb der Basketballszene werden Leute gesucht, die für etwas stehen. Und da muss man aufpassen, dass man nicht zu stark zu einer repräsentativen Figur wird. Ich möchte mir selbst ein Terrain erarbeiten, Themen setzen. Ich möchte lernen, Dinge zu gestalten, Grundlagen zu schaffen und eigene Vorstellungen umzusetzen. Anfangs habe ich das Klischee vom *good guy* gern bedient. Aber dann habe ich gemerkt, dass es ein Nachteil ist, ein festes Image zu haben, wenn man sich doch in seinen Job erst reinfinden muss.

? *Ist der Ton rau in Ihrem Sport?*

H: Er ist extrem männerbündlerisch. Und das hatte ich auch fast vergessen: Ich war in den letzten Jahren – während meines Studiums – nicht in solchen Situationen. Teilweise ist dieses Männerbündlerisch-Raue angenehm, weil es eine Klarheit hat, aber teilweise ist es auch einfach banal und trist. Und es ist auch noch ein Unterschied, ob man selber Sport treibt oder ob man den Sport organisieren, verwalten und vorwärts bringen möchte. Da habe ich es mit Menschen zu tun, die zum Teil selbst nie Sportler waren. Da geht es auch um Macht und Streit.

? *Was stört Sie daran?*

H: Es stört mich, dass es nicht immer der Sache dient. Die Sache, das ist der Sport: Basketball. Ich frage mich, wie man diesen Sport vorwärts bringen kann. Mein Leben hat durch den Sport einen richtig guten Sinn bekommen. Das war ein tolles Spielfeld. Und ich möchte mithelfen, dass dieses »Spielfeld« auch für neue Leute da ist und weiter bestellt wird.

? *Ist der Sport Ihr Lebenssinn?*

H: Sport ist auf jeden Fall ein extrem wichtiger Faktor. Weil ich auch merke, wie viel Potenzial im Sport steckt, auf ganz vielen verschiedenen Ebenen. Nehmen wir einfach mal nur die Fankultur: Das ist schon nah an einer Religion. Eigentlich ist das Fußballstadion oder die Sporthalle ein Alltagsort. Aber es herrscht eine fast religiöse Atmosphäre: Die Spieler, das Publikum, der Austausch für eineinhalb Stunden im Fußball oder zwei mal zwanzig Minuten im Basketball. Da wird die Sporthalle zur Quasi-Kirche.

? *Mit anderen Worten – Basketball ist eine Ersatzreligion für Sie?*

H: Wahrscheinlich. Ja genau!

Henning Harnisch, **1968 in Marburg. Seit 2004 Team-Manager des Basketballclubs Alba Berlin. In den 90er Jahren der beste und populärste deutsche Basketball-Profi. 1993 Europameister mit der Nationalmannschaft, 1990-1998 neun Mal deutscher Meister mit Bayer Leverkusen und Alba Berlin. Fünf Pokalsiege. Teilnahme an den Olympischen Spielen 1992 in Barcelona.*

Dr. h.c. Martin Kohlhaussen

Fragebogen: Pfarrerskinder

Bitte vervollständigen Sie die folgenden Sätze:

Foto: Commerzbank AG

1. **Das Sonntagsfrühstück meiner Kindheit war...** immer der gemeinsame Start in den Tag, gleichzeitig Vorbereitung auf den Gottesdienst.

2. **Wenn ich an mein Elternhaus denke, dann...** mit grosser Freude und Dankbarkeit. Leider ist mein Vater zu früh - mit 68 Jahren - verstorben; ich würde gerne mich mit ihm austauschen. Er hat soviel Schwieriges erlebt.

3. **Das letzte Mal, als meine Umwelt mich als „Pfarrerskind" erlebt hat...** liegt nicht lange zurück. Preseedarstellungen zu meiner Person enthalten in aller Regel den Hinweis auf den Pfarrerssohn.

4. **Wenn ich heute an einer Kirche vorbeikomme, dann...** gehe ich möglichst hinein. Leider sind viele zu oft verschlossen.

5. **Ich bin (k)ein „typisches" Pfarrerskind, weil...** ich fernab der Theologie meinen Beruf gewählt habe. Andererseits hat mich das Pfarrhaus geprägt, dazu stehe ich.

Martin Kohlhaussen über »Fresstouren« und Hanauer Tankstellen

Ein Pfarrerssohn im »Feindesland«

Warum das Verhältnis zwischen Banken und Kirche so angespannt ist

Martin Kohlhaussen ist der Mann mit der wahrscheinlich schönsten Aussicht über Frankfurt am Main: Als Aufsichtsratsvorsitzender der Commerzbank residiert er im 48. Stock von Frankfurts höchstem Wolkenkratzer. 2001 ist er an die Spitze des Aufsichtsrats der Commerzbank gewählt worden, vorher war er zehn Jahre lang deren Vorstandssprecher. Kohlhaussen ist einer der profiliertesten und bekanntesten Wirtschaftsvertreter Deutschlands: Der Pfarrerssohn sitzt im Aufsichtsrat von weiteren namhaften deutschen und ausländischen Unternehmen und berät den südafrikanischen Präsidenten.

? *»Aufsichtsratsvorsitzender« – das heißt einerseits Aufsicht und Kontrolle, andererseits Rat. Sind Sie ein guter Ratgeber?*

K: Wenn ich sehe, wie häufig andere bei mir Rat suchen, dann scheint es so, als sei ich kein schlechter Ratgeber. Ich gehe in der Bank und auch in der Industrie mit vielen Menschen um. Das ist für mich eine gute Rolle. Ich bin seit 1965 im Bankgeschäft. Da habe ich vielfältige Erfahrungen gesammelt, die ich auch weitergeben kann. Ich halte es für sinnvoll, die anderen nicht nur immer ihre eigene Erfahrungen machen zu lassen, wenn ich das Gefühl habe, ich hätte vielleicht etwas beizutragen. Und dann womöglich noch meine Freude daran zu haben, dass der andere in eine Falle tappt: Das ist nicht mein Ding.

? *Sie wurden vor nenundsechzig Jahren in ein Pfarrhaus hinein geboren. Was war das für ein Haus und wer war schon da?*

K: Vor mir waren schon zwei Geschwister da. Ich bin in einer sehr großen Familie aufgewachsen. Ich war das dritte von vier Geschwistern und ich habe dreiundzwanzig Vettern und Kusinen ersten Grades. Und in den Zeiten damals – im Krieg und danach – spielte diese große Familie in vielfältiger Weise eine Rolle. Mein Vater war Pfarrer in Großseelheim, in der Nähe von Marburg an der Lahn, eine sehr schöne Landgemeinde. Aber wir mussten das Haus, als ich zwei Jahre alt war, verlassen. Denn die Nazis mochten meinen Vater nicht. Und sie haben sich – das weiß ich von ihm – im sonntäglichen Gottesdienst niedergelassen, geraucht, geschwätzt, getrunken. Sie mochten ihn nicht, weil er in der frühen Phase merkte, was da vor sich ging, und Juden geholfen hat wegzukommen. Er ist dann strafversetzt worden nach Helmarshausen in Nordhessen. Und dann ist er schon 1938 eingezogen worden als Soldat. Da war noch gar kein Krieg. Er hat bis 1945 im Krieg zugebracht, überwiegend in der damaligen Sowjetunion als Militärpfarrer. Aber er ist heil davon gekommen.

? *Ist er auch psychisch heil davon gekommen?*

K: Soweit ich das beurteilen kann: Ja. Andererseits kenne ich inzwischen Briefe von ihm aus der Zeit. Die deuten an, dass er als Kriegspfarrer sehr komplizierte Situationen zu bestehen hatte.

? *War waren das für Situationen?*

K: Die Deutschen waren ja Besatzer im fremden Land. Nicht jeder deutsche Soldat mochte die Aktivitäten durchziehen, die er durchziehen sollte. Es gab Deserteure. Es gab Guerillakämpfer, die gefangen genommen wurden. Und da spielte der Militärpfarrer oft eine große Rolle – als Seelsorger. Das hat ihn belastet. Andererseits: Mein Vater hatte immer eine gute Kondition. Manche Dinge allerdings bleiben für mich im Unklaren. Denn mein Vater ist schon 1968 gestorben, relativ kurz nach seiner Pensionierung als Pfarrer. Und das war die Zeit, in der manche Gespräche ruhig noch intensiver hätten sein können. Aber da war ich dreiunddreißig, intensiv beschäftigt mit eigener Berufstätigkeit und mit meiner jungen Familie. Heute stelle ich mir manchmal vor, ich hätte ihn noch mehr fragen müssen.

? *Was ist die wichtigste Frage, die Sie ihm gern noch gestellt hätten?*

K: Ich weiß, dass er große Probleme mit den Nazis hatte. Es hätte mich schon interessiert, wie er seine Rolle in der Kriegszeit akzeptiert hat.

? *Wie hat Ihre Mutter die Aktivitäten Ihres Vaters in Russland beurteilt?*

K: Meine Eltern waren trotz der Distanz sehr miteinander verbunden. Die hatten sich früh kennen gelernt. Auch meine Mutter kam aus einem Pastorenhaushalt. Mein Vater war Vikar bei seinem späteren Schwiegervater. Das heißt: Da war immer eine sehr große Vertrautheit auch über die Distanz. Und ich habe meine Eltern nie streitend erlebt.

? *Sie haben wichtige Jahre Ihrer Kindheit ohne Ihren Vater verbracht. Haben Sie ihn vermisst?*

K: Ganz bestimmt! Immer dann, wenn Vertretungspfarrer nach Helmarshausen kamen, also solche, die vom Kriegsdienst zurückgestellt waren. Da hat es mich schon beschäftigt, warum mein Vater in Russland war. Ich war als acht- oder neunjähriger Bub in der Lage zu sehen, dass Krieg was Unsympathisches ist. Zumal wir ja 1943 die Zerstörung von Kassel erlebt haben.

? *Ab wann hat der kleine Martin Gesangbücher geschleppt oder die Orgel in der Kirche gespielt?*

K: Immer – soweit ich mich zurückerinnern kann.

? *Was ist Ihre früheste Erinnerung?*

K: Das Pfarrhaus und die Kirche daneben: Darum drehte sich alles. Das heißt: Natürlich habe ich den Blasebalg der Orgel getreten. Ich habe die Glocken gezogen. Ich habe dem Küster beim Feuern geholfen. Ich habe dann später auch selbst die Orgel in der Kirche gespielt. Oder Weihnachten: Da ist ein Landpfarrer ja unglaublich engagiert. Und seine ganze Familie auch. Deswegen habe ich mit der jetzigen Art der Adventszeit Schwierigkeiten.

? *Wieso?*

K: Damit kann ich nichts anfangen. Die Adventszeit ist in meiner Erinnerung immer eine besonders schöne Zeit gewesen. Das klingt nostalgisch, aber damals war sie nicht so kommerziell ausgebeutet. Ich kann natürlich erklären, warum das heute alles so ist. Ob das so sein muss, weiß ich nicht. Ich meine eigentlich: Nein. Aber die Adventszeit in einem Landpfarrhaus mit Einsatz in einem Altenheim oder in einem Krankenhaus mit kleinem Chor: Mitsingen, mitmachen, Adventskranz selbst basteln, Weihnachtsschmuck selbst basteln, Weihnachtsbaum schlagen im Wald: Das haben wir alles selbst gemacht. Mit dem Küster und meinem Bruder bin ich los und dann haben wir Weihnachtsbäume geholt: fürs Pfarrhaus und für die Kirche.

? *Was für eine Rolle hat Musik in Ihrer Kindheit gespielt?*

K: Musik war Kommunikation bei uns. Wir haben zu Hause viel gesungen. Das kenne ich gar nicht anders. Ich habe Orgel gespielt. Mein Bruder hat Klavier und Orgel gespielt. Ich kann mich auch erinnern an Touren des Dresdner Kreuzchores oder der Thomaner, die bei uns in Helmarshausen nach 1945 vorbeikamen. Wir haben das damals immer »Fresstouren« genannt. Die haben wunderschön gesungen. Viele wohnten dann bei uns. Wir hatten ja ein sehr großes Pfarrhaus und dann war eine Zeit lang von oben bis unten die Bude voller Thomaner! Gastfreundschaft wurde zu Hause ganz groß geschrieben. Und um die Zeit 1945 herum, als die Amerikaner kamen, da hatten wir eine Notgemeinschaft. Da haben ungefähr vierzig

Leute ihren Namen in unser altes Gästebuch hinein geschrieben: »Vielen Dank für die Not- und Schicksalsgemeinschaft.« Manche waren schon Flüchtlinge, manche waren nur vorübergehend bei uns. Wir haben gemeinsam erlebt, wie die Amerikaner kamen.

? *Erzählen Sie von dem Tag, an dem die Amerikaner kamen.*

K: Wir saßen im Keller. Ich kann mich erinnern, dass ich rumgelaufen bin und gesehen habe, wie die deutschen Soldaten abzogen und wie sie versucht haben, uns und andere zu animieren, mit ihnen zu gehen, weil die Amerikaner so schrecklich seien – Anfang April 1945 war das. Meine Mutter hat damals Regie geführt. Und sie hat gesagt: »Wir bleiben.«

? *Warum?*

K: Wir hatten amerikanische Verwandte. Deshalb wusste meine Mutter: Die Amerikaner sind keine Unmenschen. Also sind wir geblieben und viele mit uns in unserem Haus. Als die Amerikaner dann in voller Kriegsbemalung kamen, war das schon sehr spannend. Wir saßen im Keller, Granaten flogen und schlugen ein. Das haben wir gehört. Aber wir haben nicht gelitten. Und dann kam der erste Offizier der Amerikaner und fragte nach meiner Mutter. Das fanden wir alle unsympathisch. Ob es doch etwas auf sich hatte mit dem schlechten Ruf der Amerikaner? Dann hat sich der amerikanische Soldat auf Deutsch nach der Mutter erkundigt. Er hat meiner Mutter erzählt, sie brauche sich keine Sorgen um meinen Vater machen. Der war zu dem Zeitpunkt bereits von den Russen geflohen und in Traunstein im Bayerischen von den Amerikanern gefangen genommen worden. Und dieser Soldat hat dann schöne Grüße von dem älteren Bruder meiner Mutter ausgerichtet – dem, der in Amerika lebte. Man wusste offenbar auf amerikanischer Seite genau, dass mein Vater vielen Juden geholfen hatte rauszukommen. Und dass mein Vater selbst kein freiwilliger Soldat war, sondern zwangseingezogen. Und so löste sich bei uns dann die Spannung sehr schnell in Wohlgefallen auf.

? *Diese Kriegszeit – das war für Ihre Familie und Sie offenbar keine hoffnungslose und verzweifelte Notzeit. Kam das aufgrund Ihrer inneren Einstellung, Ihres Glaubens, oder war das eher den guten Rahmenbedingungen zu verdanken?*

K: Ich bin Leuten, die Anlass zur Verzweiflung hatten, nie begegnet in der Umgebung dort. Ich bin Flüchtlingen begegnet, weil die zu uns kamen. Aber es war unter den gegebenen Umständen eine ländlich-friedliche Umgebung. Man kann vielleicht sagen: Eine behütete Umgebung. Und das trotz aller Entfernung zu meinem Vater – das war zu ertragen.

? *Hatten Sie in der Pubertät irgendwann keine Lust mehr, dieses Pfarrhausleben mitzumachen?*

K: Nein. Das lag vielleicht an der Zeit damals. In der Nachkriegszeit: da haben alle noch dafür gearbeitet und gesorgt, dass Dinge wieder zusammen laufen. Und dann sind wir 1953 von Helmarshausen nach Hanau umgezogen, wo mein Vater dann Pfarrer an der Marienkirche wurde. Das war eine städtische Umgebung. Auch in dieser Zeit war die kirchliche Umgebung und die Gemeinde nach wie vor sehr wichtig für mich. Was aber in Helmarshausen gefehlt hat, das haben meine Eltern ganz bewusst für uns gesucht: Mehr kulturelle Angebote in der Stadt. Mehr Möglichkeiten, den Horizont zu erweitern, mehr Aktivität im Sport. Aber Entfernung vom Pfarrhaus – in welchem Sinne auch immer – hat es auch da nicht gegeben.

? *Gab es denn nie eine Phase der Abgrenzung, der Ablösung von den Eltern?*

K: Kaum. Aber ich habe in dem Dorf intensiv Fußball gespielt. Was anderes gab es damals nicht. Mit meinem Vater habe ich immer einen – eher harmlosen – Streit gehabt: Er mochte nicht, dass ich am Sonntag in der Mannschaft Fußball spiele, auch nicht unmittelbar nach der Kirche. Denn es war selbstverständlich, dass wir jeden Sonntag in der Kirche waren. Und nach dem Gottesdienst haben wir zusammen Mittag gegessen.

? *Gab es noch andere Regeln in Ihrer Familie, die strenger waren als in den Elternhäusern Gleichaltriger?*

K: Ja bestimmt. Nicht nur im Sport. Ich kann mich auch an die Karwoche bei uns zu Hause erinnern: die »stille Woche«: Kein Radio, keine Musik. Das war eine feste Regel. Erst Ostern wurde das Radio wieder angeschaltet – dann gab es aber umso mehr Musik. Und immer, wenn ich später als Erwachsener zu Hause war, war es ganz selbstverständlich, dass die Regeln immer noch gelten – auch für mich als Erwachsener. Das ist mir nie schwer gefallen und das habe ich auch mitgemacht.

? *Welches sind die Regeln, die Sie mitgenommen haben in Ihren eigenen Haushalt, in Ihre eigene Familie?*

K: Viel Musik zu Hause! Allerdings spielen meine eigenen Kinder keine Instrumente, weil wir sehr viel in der Welt zigeunert sind. Aber Musik spielte von Anfang an eine sehr große Rolle – insbesondere die Bach-Musik. Für mich, weil ich damit aufgewachsen bin, ist es die entscheidende Musik. Und gewisse Ablaufregeln gelten bis heute: Am Sonntagmorgen frühstücken wir zusammen. Egal, wer die Samstagabende wie lange und wo verbracht hat. Meine Kinder fanden das nicht immer lustig. Aber diese Regel galt auch bei mir zu Hause so. Teenagerkinder sind für den Vater, der vorher auf der Kanzel gestanden hat, nicht immer ein Vergnügen. Und ich glaube auch, wir waren nicht immer ganz fair zu unserem Vater. Weil wir ziemlich kritisch mit ihm die gerade gehörte Predigt diskutiert haben…

? *Der Vater auf der Kanzel: Wie haben Sie diese väterliche Autorität als Heranwachsender erlebt?*

K: In der Rückschau hat mein Vater mich schon beeindruckt. Er gehörte zu den Theologen, die sich auf die Auslegung der Schrift konzentriert haben. Da war er im guten Sinne lutherisch. Aber die Diskussion kam dann beim Mittagessen. Und ich wurde auch als Pastorensohn von anderen mit dem konfrontiert, was der Vater in der Predigt gesagt hatte.

? *Und wie sind Sie dann damit umgegangen?*

K: Da habe ich eines gelernt, was ich auch unverändert wichtig finde, ob privat oder im Beruf: Es gibt Situationen, da sollte man offen und streitig nach innen hin diskutieren. Aber nach außen hin eine Wagenburg sein!

? *Machen Sie das heute auch noch so in der Commerzbank?*

K: Wenn es geht: Ja. Man muss nicht alles nach draußen tragen. Es muss möglich sein, sich sehr ernsthaft richtig in der Sache – auch emotional – auseinander zu setzen. Aber die Identität der Familie, die Identität einer Gruppe, die Identität eines Bankinstituts nach außen: Das ist wichtig. Man muss manches nach außen auch abschirmen.

? *Als Pfarrerssohn wären Sie prädestiniert gewesen, ebenfalls Pfarrer zu werden, zumal Sie von mütterlicher Seite aus einer alten Pastorendynastie stammen. Wie groß war der Schock Ihrer Eltern, als Sie Jurist wurden?*

K: Mein Vater hätte sich bestimmt gefreut, wenn ich Theologie studiert hätte. Mein älterer Bruder ist Kirchenmusiker geworden. Vielleicht hat unserem Vater das schon gereicht. Jedenfalls hat er nie darauf bestanden, dass ich Theologie studieren sollte. Es gab auch einige Juristen in der Familie. Juristerei zu studieren war deshalb nichts Ungewöhnliches.

? *War Geld bei Ihnen zu Hause ein Thema?*

K: Geld war im Grunde kein Thema, aber es war bekannt, dass es knapp war. Mit anderen Worten: Dass ich mein Studium selbst verdienen musste, das war von Anfang an klar. Denn ich habe zwei ältere Geschwister, die auch eine Ausbildung haben sollten. Und meine jüngere Schwester auch. Und ich war ganz handfest und bei guter Kondition, das war kein Problem. In Hanau kann ich Ihnen noch Tankstellen zeigen, bei denen ich die Pflaster geklopft habe, oder es stehen noch Häuser, bei denen ich am Bau mitgearbeitet habe. Oder es gibt in Hanau eine große Reifenfabrik, da habe ich regelmäßig in den Semesterferien gearbeitet.

Martin Kohlhaussen mit seinen Eltern: »Teenagerkinder sind für den Vater, der vorher auf der Kanzel gestanden hat, nicht immer ein Vergnügen.«

? *Wenig Geld zu Hause und dann eine steile Karriere als Banker: Wie war die Reaktion Ihres Vaters?*

K: Als ich eine Banklehre gemacht habe, fand das mein Vater schon ein bisschen erstaunlich. Und das hat ihn auch sicher irritiert. Das war 1965. Und ich weiß noch genau, dass er mich auf die biblische Geschichte vom Rauswurf der Geldwechsler aus dem Tempel angesprochen hat.

? *Was war ihre Reaktion?*

K: Es hat mich nicht sonderlich irritiert.

? *Viele sehen ja bis heute eine gewisse Distanz und ein Misstrauen zwischen Kirche und Wirtschaft. Wie erleben Sie das?*

K: Auf dem Evangelischen Kirchentag hier in Frankfurt war ich an einer großen Podiumsveranstaltung beteiligt, die sich mit der Apartheid in Südafrika beschäftigte. Und ich habe die Position vertreten: »Apartheid ist nicht gut, aber Boykott ist falsch.« Es war für mich damals das erste Mal, dass ich eindrücklich erlebt habe, wie 2 500 Menschen in einer riesigen

Halle – und zwar alles angeblich evangelische Christen – mich wüst beschimpft haben. Das hat mich beeindruckt, aber mich nicht von meiner Rolle abgebracht. Obwohl die Commerzbank damals die Konten der Kirchen verloren hat. Ich habe immer wieder festgestellt: Kirche und Wirtschaft – speziell Kirche und Banken – können nur schlecht miteinander. Und ich behaupte immer noch, dass die Kirche keinen Frieden mit uns geschlossen hat. Ich habe schon mehrfach die Frage gestellt, ob sich die Kirche – gerade an einem Platz wie Frankfurt – wirklich darüber bewusst ist, was sie anstellt, uns – sagen wir mal ruhig: »Kapitalisten« – immer wieder jeden Sonntag an den Rand zu drängen. Die evangelische Kirche tut ja so, als sei sie immer nur für die Armen da. Was würde die Kirche eigentlich tun, wenn sie uns nicht hätte, die mit viel Arbeit möglicherweise mehr Geld verdienen? Warum findet die Kirche die Brücke nicht?

? *Was wünschen Sie sich da konkret?*

K: Die Kirche sollte öffentlich auch mal dazu stehen, dass sie selbst ihre Aufgaben nur erfüllen kann, wenn sie auch diejenigen auf ihrer Seite weiß, die mehr Einkommen haben als viele andere. Diejenigen, die voll ihre Kirchensteuer bezahlen. Die also die Anliegen und die Zielsetzung der Kirche allein schon dadurch voll unterstützen. Viele sind nicht so konsequent, aus der Kirche auszutreten. Ich könnte das auch nicht: Dabei würde ich Geld sparen. Aber das geht bei mir nicht aus den bekannten Gründen.

? *Fühlen Sie sich in Ihrer Rolle als Kirchensteuerzahler missachtet?*

K: Die Kirche ist ja bei fast jedem populistischen Thema dabei. Und sie beklagt zu Recht die massenhaften Kirchenaustritte. Sie sollte sich mehr um die bemühen, die Kirchensteuer bezahlen und bei der Stange bleiben.

? *Die Kirche ist im Umbruch. Wie ist Ihre Vision für die Kirche? Wie kann Kirche sich neu aufstellen, um eine zukunftsfähige Kirche zu sein?*

K: Es scheint mir, dass die Versuche der Kirche, besonders populäre, besonders lockere Gottesdienstveranstaltungen zu machen, nicht unbedingt erfolgreich sind. Und ich habe das Gefühl, dass man bei der evangelischen Kirche nach dem würdevollen Ablauf eines Gottesdienstes sucht. Zum Beispiel verzichten Pastoren inzwischen oft auf den Talar. Warum denn eigentlich? Was ist denn am Talar so schlimm? Es kann sein, dass die Zeit über meine Ansicht hinweggegangen ist. Aber ich glaube, dass die Besinnung zurück zum würdevollen Gottesdienstablauf in der evangelischen Kirche sinnvoll wäre.

? *Würden Ihre Mitarbeiter sagen: Ja, man merkt dem Kohlhaussen an, dass er Pfarrerssohn ist?*

K: Ja.

? *Woran merkt man das?*

K: Es ist sicher ungewöhnlich, dass jemand aus einem evangelischen Pastorenhaushalt an die Spitze einer Bank kommt. Auch ich kenne außer mir niemanden. Und die Mitarbeiter wissen das und haben damit auch – meines Wissens – kein Problem. Ich glaube, letztlich haben die Mitarbeiter meine Grundeinstellung 1995 gemerkt: Da hat die Commerzbank 125jähriges Jubiläum gefeiert. Ich hatte damals die Idee, dass wir die Mitarbeiter der Bank – und zwar alle – in das Frankfurter Waldstadion einladen, nach dem Motto: »Wir Mitarbeiter feiern das Jubiläum zusammen«! Das hat es vorher und seitdem nie gegeben. Da waren 22 000 Mitarbeiter aus dem ganzen Bundesgebiet und aus dem Ausland da. Und seitdem nennen mich manche »Sankt Martin«. Okay – sei es drum.

Martin Kohlhaussen, **1935 in Marburg/Lahn. Seit 2001 Aufsichtsratsvorsitzender der Commerzbank in Frankfurt sowie weiterer großer Unternehmen im In- und Ausland. 1991-2001 Sprecher des Vorstands der Commerzbank. 1997-2000 Präsident des Bundesverbandes deutscher Banken.*

Sarah Käßmann

Fragebogen: Pfarrerskinder

Foto: privat

Bitte vervollständigen Sie die folgenden Sätze:

1. Das Sonntagsfrühstück meiner Kindheit war...

turbulent und voller Kerzenschein

2. Wenn ich an mein Elternhaus denke, dann...

wird mir warm ums Herz und ich sehne mich nach meinem nächsten Besuch

3. Das letzte Mal, als meine Umwelt mich als „Pfarrerskind" erlebt hat...

ist noch nicht solange her

4. Wenn ich heute an einer Kirche vorbeikomme, dann...

gehe ich oft hinein und suche einen Moment der Stille,

5. Ich bin (k)ein „typisches" Pfarrerskind, weil...

ich noch heute die Bräuche meiner Kindheit lebe

Sarah Käßmann über lange Schatten und wattierte Stützpfeiler

Der Teufel im Kühlschrank

Warum die Kindheit im Pfarrhaus auch in der nächsten Generation für viele Überraschungen gut ist

Sarah Käßmann ist eine Pfarrerstochter der neuen Generation: War es früher selbstverständlich, dass im Pfarrhaus die Rollen zwischen Pfarrer und Pfarrfrau klar verteilt waren, leben die Eltern von Sarah ein anderes Modell: Sarahs Mutter ist als Bischöfin der hannoverschen Landeskirche viel unterwegs. Sarahs Vater, ebenfalls Pfarrer, kümmert sich im Alltag intensiv um die vier Töchter und den Haushalt. Eine moderne Pfarrfamilie mit veränderten Rollen: Kann das gut gehen?

? *Sarah Käßmann, Sie studieren Politikwissenschaften in Frankreich. Was waren Ihre ursprünglichen Pläne?*

K: Nach dem Abitur war für mich alles offen. Das hat die Studienwahl für mich nicht leichter gemacht. Und dann habe ich gedacht: Theologie. Das ist es. Du weißt, worauf Du Dich einlässt. Du bist im Pfarrhaus groß geworden. Du fandest es immer toll, was Deine Eltern gemacht haben. Du hast mit Menschen zu tun. Es ist immer lebendig im Haus. Und Du redest gern, hilfst Menschen gern. Aber ich habe ziemlich schnell gemerkt, dass Theologie nicht das richtige Studium für mich war. Weil ich große Schwierigkeiten mit einigen Kommilitonen hatte. Den meisten war sozusagen »Gott erschienen« und es war alles sehr spirituell. Und ich habe dagegen einen sehr praktischen Glauben kennen gelernt im Pfarrhaus. Ich konnte nicht sagen: »Mir ist Gott mit sieben Jahren begegnet.«

? *Und welche Rolle hat ihr Nachname »Käßmann« zu Beginn Ihres Theologiestudiums gespielt?*

K: Eine furchtbar große! Weil jeder an der Uni sofort wusste, wer ich war. Jeder kannte mich mit Namen und kein anderer wurde mit Namen angesprochen. Ich wurde weniger nach mir selber beurteilt, nach meinen eigenen Leistungen, als danach, wie ich mich verhalte und ob es der Rolle gerecht wird, die meine Mutter in der Kirche hat. Ich habe mich gefragt: Kann ich mich an ihr messen? Und das wollte ich überhaupt nicht!

? *Gab es früher schon Situationen in Ihrem Leben, in denen Sie sich ebenso auf dem Präsentierteller gefühlt haben wie zu Beginn Ihres Studiums in Hamburg?*

K: Selten. Ich habe meine Mutter manchmal auf Konferenzen begleitet. Und da ist es natürlich klar. Aber ich bin ja auch stolz auf meine Mutter. Inzwischen kann ich auch sagen, wenn mich jemand auf den Namen Käßmann anspricht: »Ja – meine Mutter ist Bischöfin.« Am Anfang war es schwierig. Vor allem, als ich Theologie studiert habe. Das war für mich so ein Punkt, wo ich gesagt habe: Nein, ich halte mich raus aus diesem Feld Theologie. Ich finde es interessant, aber ich möchte der Theologie lieber auf einem anderen Weg begegnen und nicht auf dem gleichen Weg, den meine Eltern gegangen sind.

? *Da war der Schatten ihrer Mutter zu lang in der Fakultät in Hamburg.*

K: Richtig.

? *Dann haben Sie sich schon im ersten Semester entschlossen, Ihr Theologiestudium abzubrechen. Wie ging es dann weiter?*

K: Ich hatte erst mal ein ganz schlechtes Gewissen, als ich nach Hause gegangen bin und meinen Eltern gesagt habe: Ich höre auf. Mein Vater fand es gut. Der war ganz zufrieden. Meine Mutter war, so glaube ich, schon ein bisschen traurig. Aber sie hat sofort gesagt: »Wenn Du es nicht willst, dann kann ich das verstehen.« Und hat mich sofort unterstützt. Und dann habe ich erst mal Praktika gemacht. Ich wollte einfach Ruhe für die Entscheidung haben, die ich vorher nicht gehabt habe. Und dann habe ich mich für Friedens- und Konfliktforschung in Marburg entschieden. Witzigerweise haben meine Eltern da auch studiert und sich da auch kennen gelernt. Aber gut. Jetzt studiere ich im Hauptfach Politikwissenschaften und im Nebenfach Friedens- und Konfliktforschung, das ist für mich genau die richtige Kombination.

? *Jetzt führen Sie Ihr Studium in Frankreich weiter. Sie leben also in einer Atmosphäre, wo niemand den Namen Käßmann kennt. War das eine bewusste Entscheidung zu sagen: Ich gehe aus dem Einflussbereich meiner Mutter und meines Vaters heraus?*

K: Das eigentlich nicht. Es war für mich immer klar, dass ich ins Ausland möchte. Ich war schon in der elften Klasse in Südafrika und vorher im Austausch in England, Frankreich und Polen. Und diese Auslandserfahrungen waren für mich ganz wichtig. Vor allem geht es darum, noch einmal eine neue Sprache zu lernen. Aber es passiert mir sogar dort, dass ich auf meinen Namen angesprochen werde. Denn in Rennes sind auch deutsche Austauschstudenten, die den Namen Käßmann kennen. Und die sagen dann: »Deine Mutter habe ich im Fernsehen gesehen.« Das passiert mir andauernd. Aber inzwischen kann ich damit gut umgehen. Ich studiere nicht mehr das Gleiche. Deswegen fällt mir das auch viel leichter.

? *Wie sehen Sie Ihre Mutter häufiger: Im Fernsehen oder in natura?*

K: Ich höre sie eher am Telefon (lacht). Also ich gucke sie ganz selten im Fernsehen an. Weil ich es immer verpasse. Für mich ist meine Mutter auch nie »die Bischöfin«. Für mich ist sie immer meine Mutter und das bleibt sie auch. So oft, wie wir telefonieren und sie sich kümmert, ist sie eher Mutter als Bischöfin.

? *Ihre Mutter – die Bischöfin. Wie erleben Sie sie?*

K: Meine Mutter ist scheinbar immer unter Druck. Immer auf dem Sprung. Immer an was Neuem dran. Ruhig sitzen: Das ist wirklich selten bei meiner Mutter. Das schiebt sich mir wirklich als Erstes in den Kopf. Diese Momente, wo sie mal hier am Esszimmertisch sitzt und Zeitung liest, die sind selten. Aber sie ist eben eine sehr dynamische Frau. Das fällt mir als Erstes ein.

? *Vier Schwestern sind Sie: Haben Sie sich eher gegenseitig erzogen oder sind Sie von Ihren Eltern erzogen worden?*

K: Das hat beides eine Rolle gespielt. Meine Eltern waren immer da und haben uns schon ganz klar erzogen. Aber ich habe auf meine Schwestern ganz oft aufgepasst. Nicht, weil meine Eltern das unbedingt wollten, sondern weil ich das gern gemacht habe. Wir Schwestern haben einfach ein ganz enges Verhältnis und da ist es klar, dass wir uns gegenseitig beeinflusst haben. Aber meine Eltern waren schon maßgeblich. Meine Mutter auf der einen Seite mit Brettspielen, Playmobil und Backen und mein Vater, der immer mit uns in den Wald gegangen ist, der Fahrradtouren mit uns gemacht hat, der mit uns draußen gespielt hat. Meine Eltern sind in meiner Erziehung wirklich ganz präsent. Ich kann mich an keinen Tag meiner Kindheit erinnern, wo ich nicht beide gesehen habe oder wo nicht beide etwas mit mir gemacht haben.

? *Wer kann das schon behaupten?*

K: Genau! Wenn ich auf meine Kindheit zurückblicke, dann schwebe ich in einer Glücksphäre, das ist wirklich wahr.

? *Sie sind die älteste Tochter Ihrer Eltern. In was für eine Situation sind Sie hineingeboren worden, damals, vor 22 Jahren?*

K: Meine Eltern haben beide noch studiert, standen beide ein Jahr vor dem Examen, als ich geboren wurde. Sie haben ein Jahr vor meiner Geburt geheiratet. Meine Mutter hat gesagt:

Nach der Heirat, da wollte sie gleich ein Kind, das war für sie klar. Mein Vater ist da mitgezogen (lacht). Ich bin eigentlich in eine Studenten-WG hineingeboren worden. Mein Vater und meine Mutter haben sich abgewechselt, als ich geboren wurde. Sie ist sozusagen morgens in die Uni gegangen, mein Vater nachmittags. Und als sie dann Examen gemacht haben, ging es ins Vikariat. Ich bin da wirklich in die turbulente Studentenzeit hineingeboren worden. Aber meine Großmutter hat da auch eine ganz große Rolle gespielt. Die hat in Stadtallendorf in der Nähe von Marburg gewohnt. Und bei ihr bin ich dann auch oft gewesen. In Spieskappel, der ersten Pfarrstelle, die sich meine Eltern geteilt haben, kamen dann meine drei Schwestern auf die Welt: Die Zwillinge Hanna und Lea und die Kleinste: Esther.

? *Mit der Zeit kristallisierte sich heraus, dass ihre Mutter eine für viele Beobachter sicherlich überraschende Karriere machte.*

K: Das stimmt. Für mich war das auch überraschend. Weil meine Mutter nach meiner Wahrnehmung immer zu Hause war. Klar, sie hat ihre Doktorarbeit geschrieben und darauf waren wir auch alle ganz stolz. Aber als dann plötzlich der Bescheid kam, dass wir umziehen sollten nach Hofgeismar: Das war für mich dann schon sehr überraschend. Meine Mutter war schon immer mal weg wegen des Ökumenischen Rats der Kirchen. Aber das habe ich als Kind nicht so wahrgenommen, dass das etwas so Großes und Entscheidendes sein kann. Und für mich als Kind war natürlich überhaupt nicht klar, dass man mal wegziehen kann. Und dass man diese Dorfidylle und dieses Pfarrhaus verlassen kann.

? *Was haben Sie als älteste Tochter empfunden, als klar war, dass Ihre Mutter in Hofgeismar eine Führungsposition übernehmen wird?*

K: Das war erst mal schwer. Für mich war Spieskappel etwas ganz Herrliches. Und ich fand es toll, dass meine Mutter Erfolg hatte. Das weiß ich noch. Aber es war für mich schwer verständlich, dass ich da weg musste. Und dass die Kirche nicht mehr da war. Ich habe mir gedacht: Wir ziehen jetzt von der Kirche weg, vom Pfarrhaus.

? *Sie haben wahrscheinlich die Erfahrung gemacht, dass die meisten Mütter Ihrer Mitschüler immer zu Hause und jederzeit verfügbar waren. Das war bei Ihrer Mutter dann ja irgendwann ganz anders.*

K: Das hat sich aber ganz langsam gewandelt. In Spieskappel, da war sie wirklich immer präsent. Dann in Hofgeismar als Studienleiterin war sie immer noch viel zu Hause. Als Generalsekretärin des Kirchentags in Fulda wurde es dann weniger. Und jetzt hat sie eher selten freie Zeit. Aber dadurch, dass sie das Büro hier im Haus hat, ist sie trotzdem immer zugänglich. Und ihr Handy ist natürlich immer an. Es war so ein langsamer Wandel, dass man gut damit leben konnte.

? *Haben Sie das Gefühl, dass Sie jederzeit einen heißen Draht zu Ihrer Mutter haben?*

K: Absolut. Sobald ich auf die Mailbox spreche, ruft sie innerhalb einer Stunde zurück. Je nachdem, wie dringend es ist. Ich sage dann auch immer schon: »Ist dringend«, oder: »Ist nicht dringend«. Und je nachdem ruft sie dann auch so schnell wie möglich zurück. Ich habe immer das Gefühl, dass die Kinder für sie Priorität haben.

? *Was ich da heraushöre, ist, dass Sie als Tochter auch Rücksicht auf Ihre Mutter nehmen. Wann hat das angefangen, dass Sie als Tochter gesagt haben: Ich muss auch schauen, dass nicht nur meine Mutter Rücksicht auf uns Kinder nimmt, sondern ich auch auf meine Mutter?*

K: Ganz klar: mit dem Jahr in Südafrika. Als ich dort in der elften Klasse ein Auslandsjahr verbracht habe, da ist mir auch noch mal ein ganz neuer Familiensinn gewachsen. Da habe ich erst mal gemerkt, wie wichtig mir meine Familie ist, meine Eltern. Was für tolle Eltern das sind. Weil ich Gasteltern dort hatte, bei denen mein Eindruck ein ganz anderer war. Als ich dann zurückkam und meine Mutter diese Stelle hier als Bi-

Sarah Käßmann (links) mit Mutter und Schwestern: »Ich kann mich an keinen Tag meiner Kindheit erinnern, wo ich nicht beide Eltern gesehen habe.«

schöfin bekam, da habe ich ihr einfach mehr unter die Arme gegriffen. Ich habe gemerkt: Jetzt hilfst du deinen Eltern, weil das tolle Eltern sind und die brauchen dich jetzt auch. Vor allem für meine Schwestern war es nicht einfach, nach Hannover zu ziehen. Die waren unheimlich glücklich in Fulda. Da habe ich als große Tochter versucht, es einerseits meinen Schwestern leichter zu machen und andererseits meiner Mutter mit meinen Schwestern. Als älteste Tochter versucht man sowieso, die Schlüsselrolle zwischen Eltern und jüngeren Geschwistern zu übernehmen. Dass man den Eltern hilft, aber auch gleichzeitig den Schwestern.

? *Hat Sie diese Schlüsselrolle auch mal überfordert? Ist es Ihnen mal zu anstrengend geworden?*

K: Ja, ganz oft. Vor allem, wenn meine Eltern meine Schwestern falsch verstanden haben und meine Schwestern meine Eltern. Das war in der Pubertätszeit von Hanna und Lea ganz oft der Fall. Und jetzt ist es mit meiner kleinen Schwester genauso. Jetzt bin ich aus dem Haus. Aber trotzdem rufen meine Schwestern mich manchmal noch an und sagen: »Sarah, sprich du doch mal mit Mama und Papa.«

? *Was sind das für Anlässe?*

K: Oft ist es ein einfacher Streit. Und dann muss ich vermitteln.

? *Und jetzt studieren Sie Friedens- und Konfliktforschung. Ist das Zufall?*

K: (lacht) Vielleicht ja nicht. Wenn man das so sieht. Mein Interesse für das Schlichten und Vermitteln kommt vielleicht schon daher. Aber eigentlich interessiert es mich natürlich mehr auf internationaler Ebene.

? *Aber Sie haben in der Familie geübt. Sind Sie eher ein ausgleichender Charakter oder eher aufbrausend?*

K: Ich bin absolut aufbrausend. Bei uns ist es auch ganz witzig geteilt: Ich bin sehr emotional, was manchmal auch störend sein kann. Meine kleinste Schwester auch. Wir sind uns unglaublich ähnlich. Die Zwillinge sind eher der ruhige Typ. Und mein Vater ist auch eher der ruhige, während meine Mutter die dynamisch-emotionale ist. Das ist wirklich genau gleich aufgeteilt in unserer Familie.

? *Fällt es Ihnen schwer als ein Mensch, der eigentlich eher aufbrausend und temperamentvoll ist, in der Familie die ausgleichende Rolle zu spielen?*

K: Manchmal bin ich auch diejenige, die Konflikte verursacht. Ich bin manchmal sehr aufbrausend und werde dann auch ungerecht. Ich glaube, jeder hat hier seinen Anteil an den Konflikten.

? *Worüber können Sie sich denn so richtig aufregen in der Familie?*

K: Wenn meine Schwestern anfangen zu sticheln. Sie müssen

sich vorstellen: Hier am Mittagstisch ist es nie ruhig. Und wenn dann eine Schwester diese Sticheleien anfängt, das hasse ich! Und dann werde ich fuchsteufelswild. Es gab schon Tage, da bin ich weinend vom Tisch aufgesprungen.

? *Und wie reagieren Ihre Eltern in einer solchen Situation?*

K: Die kennen das ja. Die bleiben ganz ruhig und sagen: »Komm Sarah. Jetzt bleib sitzen.« Die kennen das seit zweiundzwanzig Jahren. Irgendwann hat man da die Ruhe weg.

? *Marburg, Spieskappel, Hofgeismar, Fulda, Hannover: Vier Umzüge im Laufe der Kindheit. Das ist vergleichsweise viel. Viele andere Kinder wachsen da auf, wo schon die Großeltern das Häuschen gebaut haben. Haben Sie diese häufigen Neuanfänge als Belastung empfunden?*

K: Unterschiedlich. Den Umzug nach Hofgeismar und den nach Hannover fand ich überhaupt nicht schlimm. Aber aus Hofgeismar weg und nach Fulda: das war für mich ganz schwierig. Vor allem, weil ich gerade in die Pubertät kam. Da habe ich dann auch ganz schön zugenommen.

? *Wie sind Ihre Eltern damit umgegangen?*

K: Ich habe es eher in mich reingefressen – wortwörtlich. Und ich habe zwei Jahre gebraucht, um mich in Fulda einzuleben. Ich bin dann bewusst ins Ausland gegangen, weil ich wirklich weg wollte aus dieser Umgebung. Und war dann, als ich zurück kam, eigentlich ganz froh, dass wir nach Hannover zogen. Für meine Schwestern war es ganz anders – die waren in Fulda unglaublich glücklich.

? *Sie haben den Kummer in sich reingefressen. Hat sich ihre Mutter mal Sorgen gemacht um ihre Größte?*

K: Schon. Als ich zugenommen habe, hat mein Vater immer seine Bemerkungen gemacht. Mein Vater ist schlank und sportlich und für den ist es auch ganz wichtig, dass man in Form ist. Aber sie haben sich beide schon Sorgen gemacht. Meine Mutter hat mich auch drauf angesprochen. Aber in der Pubertät ist man bockig. Man will nicht hören, was die Eltern sagen. Das war schon die kritische Zeit zwischen meinen Eltern und mir. Aber irgendwann habe ich dann angefangen, Sport zu machen. Und habe auch selber gewusst: »Es ist Quatsch, was du hier machst.« Dann habe ich auch wieder angefangen, mit meinen Eltern zu reden, darüber, wie es mir geht. Ich habe es rausgelassen. Aber es war ja nicht so, dass ich extreme Selbstzweifel gehabt hätte. Ich habe mich nur einfach unglaublich unwohl gefühlt. Da konnten mir meine Eltern auch wenig helfen. Sie haben schon ihr Bestes getan.

? *Wenn Sie über ihre Eltern sprechen, dann immer im Plural – über beide gleichzeitig. Erleben Sie die beiden als Einheit?*

K: Für mich auf jeden Fall. Das wird zwar anders, wenn man älter wird. Aber letztendlich bilden sie für mich eine Einheit. Für mich waren einfach immer beide gleich stark da.

? *In der Öffentlichkeit sieht es ja eher so aus, als ob Ihre Mutter die Karriere macht und ungewöhnlicherweise hält der Mann ihr als Hausmann den Rücken frei. Das ist das Klischee. Können Sie dieses Bild bestätigen?*

K: Ohne meinen Vater könnte meine Mutter den Job nicht mit vier Kinder machen. Auf keinen Fall. Mein Vater war schon eine unglaubliche Stütze gerade im Familienbereich. Er hat sich sehr um uns gekümmert. Hat immer gekocht. War immer für uns da. Aber ich würde nicht sagen, dass unsere Mutter dadurch weniger präsent für uns war. Sie war anders präsent. Und zwar sobald sie nach Hause kam. Freizeit nur für sich hat meine Mutter eigentlich nicht. Da muss sie schon wirklich weg fahren oder allein in die Sauna gehen. Wenn sie hier ist, sind wir da. Und da kümmert sie sich auch sofort um uns. Sie hat ihren Beruf, aber ihre Kinder haben Priorität. Dieses Klischee, dass meine Mutter die Karriere macht und sich mein Vater allein um uns kümmert: Das stimmt nicht.

? *Gab es Zeiten, wo Sie wütend auf Ihre Mutter waren: »Mensch – kannst Du nicht mal mehr zu Hause sein?«*

K: Nein. Manchmal kenne ich das, wenn ich anrufe und das

blöde Handy ist ausnahmsweise aus. Aber das stört mich heute, seit ich in Frankreich bin mehr als damals, als ich noch hier war. Aber ich kann das eher von meinen Schwestern sagen. Dass die das Gefühl hatten: »Mama, warum bist du jetzt nicht hier?« Aber das war in der Anfangszeit in Hannover. Diese Umstellung war sehr schwer für sie. Ich kam gerade aus Südafrika, ich hatte meine Eltern ein Jahr nicht gesehen. Da war das nicht so schwierig. Ich hatte das Gefühl: Meine Mutter ist immer für mich da. Das weiß ich. Und für meine Schwestern ist das auch inzwischen überhaupt kein Problem mehr. Die wissen das jetzt auch.

? *Ganz viele Pfarrerskinder erleben, dass die Privatwohnung, das Pfarrhaus auch ein öffentlicher Raum ist. War das in Ihrer Kindheit auch so?*

K: Absolut. Das Gemeindehaus und das Pfarrhaus: Das war praktisch ein Gebäude. Und der Trakt mit den Büros von meiner Mutter und meinem Vater war genau neben unserem Eingang. Der Gemeindesaal war auch unser Spielplatz. Wir sind da wirklich Rollschuh gefahren. Und es gab auch Zeiten, da kam die Putzfrau vom Gemeindehaus einfach mal rein, während meine Mutter gerade geduscht hat. Und vor allem: Das Telefon hat wirklich ununterbrochen geläutet. Da hab ich auch bizarre Anrufe entgegen genommen.

? *Zum Beispiel?*

K: Ich erinnere mich noch an eine Frau, die immer den Teufel im Kühlschrank hatte. Und Papa oder Mama mussten fast jeden Tag zu ihr kommen und das Vaterunser mit ihr sprechen. Sonst hat sie keine Ruhe gegeben.

? *Wie haben Sie reagiert?*

K: Ich habe sie ernst genommen. Ich habe gesagt: »Ja klar, kann ich verstehen«, und »Ich sage meinen Eltern Bescheid.« Hätte ich sagen sollen: »Sie spinnen«? Das wäre natürlich nicht gegangen. Respekt gegenüber Leuten zu haben, auch gegenüber denen, die man für verrückt hält: Das lernt man natürlich im Pfarrhaus am besten.

? *Gab es Zeiten, wo Sie von diesem ständigen Kommen und Gehen genervt waren?*

K: Ich fand das immer toll! Dieses Kommen und Gehen: Als Kind ist das doch was ganz Tolles, wenn da immer Leute sind. Das ist immer interessant und neu. Und meine Familie war sowieso groß. Es war immer turbulent. Ich kann mich an keine ruhigen Zeiten, wo ich allein im Zimmer saß, erinnern.

? *Hat Ihnen das manchmal gefehlt: Allein ruhig im Zimmer zu sitzen?*

K: Nie! Ich kann auch heute ganz schlecht allein sein. Das ist auch mein großes Problem. Ich habe mal in Hamburg allein in einer Wohnung gewohnt. Das war furchtbar. Und deshalb bin ich in Marburg sofort in eine WG gezogen. Ich brauche Leute um mich herum. Wahrscheinlich ist das auch eine Prägung aus dieser Zeit und aus dieser Familie.

? *Ein anderes Klischee über Pfarrerskinder ist, dass sie in der »Familienfirma« von Anfang an mithelfen, indem sie Querflöte spielen, das Fürbittengebet sprechen, Organistendienste übernehmen oder den Kindergottesdienst leiten. Sind das Rollen, die Ihnen vertraut sind?*

K: Hab ich alles gemacht. Ich habe den Kindergottesdienst geleitet. Ich habe auch Klarinette spielen müssen (lacht). Müssen: ja! Ich habe das ziemlich bald wieder aufgegeben, als meine Eltern mir die Entscheidung überlassen haben. Und Fürbittengebete sprechen in der Kirche: Na klar! Kirche war für mich immer präsent. Wir haben auch immer in der Kirche gespielt. Wenn alle raus waren, nach dem Gottesdienst, sind wir auf die Kanzel geklettert oder zur Orgel oder in den Kirchturm zu den Glocken. Das fand ich ganz toll. Für mich war Kirche auch immer ein Spielplatz. War auch irgendwie »meins« – »meine Kirche«.

? *In der Pubertät: Haben Sie sich da irgendwann geweigert, noch in diesem intensiven Maße bei Gottesdiensten mitzumachen oder waren Sie immer begeistert bei der Sache?*

K: Witzigerweise habe ich genau in der Zeit, wo ich diese schwierige Pubertätsphase hatte, den Kindergottesdienst geleitet. Es war für mich ganz wichtig, diese Aufgabe zu haben, weil es mir Anerkennung gegeben hat. Aber ich hatte meine kritischen Phasen. Ich habe auch gezweifelt an Gott. Das war aber eher vor meinem Jahr in Südafrika. Da habe ich viel darüber nachgedacht und bin für mich zu dem Schluss gekommen, dass es Gott gibt und dass ich glaube. Und dass das, was meine Eltern da machen für mich ganz wichtig und richtig ist.

? *Wie werden Sie wohl in zehn Jahren leben? Haben Sie eine Idee?*

K: Ich hoffe, dass ich meinen Pfad der Friedens- und Konfliktforschung verwirklichen kann. Und im privaten Bereich möchte ich glücklich und zufrieden sein in der Beziehung zu meinen Mitmenschen und meinen Glauben auf meine Art leben. Obwohl das auch schwierig ist. Wenn ich zum Beispiel meinen Freund anschaue: Der glaubt überhaupt nicht und das ist natürlich ein Konfliktthema.

? *Inwiefern?*

K: Zum Beispiel Ostern war er hier. Und es war das erste Mal seit Jahren, dass er in die Kirche gegangen ist. Das ist schon ein Reizthema. Auch wenn ich mit ihm über Glauben diskutiere. Er fragt immer nach. Ich finde es ja gut, dass er überhaupt fragt. Aber das sind Fragen, die ich überhaupt nicht beantworten kann. Weil es einfach so ist: Man glaubt oder man glaubt nicht. Und das kann er überhaupt nicht verstehen. Er ist einfach auch nicht damit aufgewachsen. Und das ist für mich oft ganz schwierig, weil ich überhaupt nicht damit umgehen kann. Für mich steht das so fest. Und für mich ist das ein Bestandteil meines Lebens. Ich werde meine Kinder taufen lassen, ich werde in der Kirche heiraten. Und ohne möchte und kann ich nicht leben. Das akzeptiert er. Aber es ist etwas, das er mit mir nicht teilen kann. Und das fehlt mir.

? *Wie ist es mit dem Rest Ihrer Umwelt, wenn es darum geht, Profil zu zeigen als Christin?*

K: Es ist oft nicht leicht. Weil in meiner Generation, in meinem Freundeskreis Kirche nicht interessant ist. Glauben ist eher etwas Seltenes. Und man wird schon schief angesehen, wenn man glaubt. Warum soll man heute noch glauben? Für mich ist es so: Ich glaube und ich finde viele Gründe zu glauben. Aber das jemandem nahe zu bringen, der sowieso schon damit abgeschlossen hat, ist unglaublich schwierig.

? *Haben Sie sich schon mal für den Beruf Ihrer Eltern geschämt?*

K: Nein! Noch nie. Weil ich immer dahinter stand. Weil ich mich immer damit identifiziert habe. Letztlich haben sie mich geformt. Letztlich bin ich die, die ich bin wegen meiner Eltern. Es gab Momente, wo ich angegriffen wurde: Dieses abfällige »Pfarrerstöchterchen«. Gut – damit muss man dann umgehen. Aber ich denke, man hat auch diese Stärke, damit umzugehen, weil man aus einem Pfarrershaushalt kommt. Weil man geliebt wird. Weil man ja auch weiß, was es heißt, Pfarrerstochter zu sein. Ich war eigentlich eher stolz darauf. Für mich hieß es immer: Offenheit, dass man Rücksichtnahme lernt, dass man lernt, mit Menschen umzugehen, mit Menschen zu leben. Für mich war das eher eine Stärke.

? *Denken Sie, dass diese Pfarrhäuser »aussterben«, dass es irgendwann egal ist, ob man Pfarrerstochter ist oder Ingenieurstochter?*

K: Diese Prognose finde ich schon interessant. Weil ich glaube, dass sich das Bild der Pfarrersfamilie tatsächlich verändern wird. Vor allem auf dem Dorf. In der Stadt ist der Atheismus sowieso sehr weit verbreitet. Aber auf dem Dorf war es bislang eigentlich immer so, dass die Pfarrersfamilie das Zentrum bildete, worum sich die Dorfgemeinschaft gruppierte. Und ich glaube, dieses Pfarrhaus wird immer weiter an den Rand gedrängt werden. Und dann sind die Pfarrerskinder auch nicht mehr in diesem Mittelpunkt. Dann ist es wirklich so isoliert wie in einer Ingenieursfamilie. Dieses »Mit-den-Menschen-sein«, das wird dann weniger werden.

? *Sie sitzen als Tochter der Bischöfin auf dem Präsentierteller. Ihre Mutter hat sogar ein Erziehungsbuch geschrieben, das zum Teil auch sehr persönliche Beispiele enthält. Sind Sie jetzt das Vorführobjekt Ihrer Mutter für gelungene Erziehung?*

K: (lacht) Kann gut sein! Und ich habe damit kein Problem. Sie hat mich ja tatsächlich erzogen zusammen mit meinem Vater. Damit bin ich sehr zufrieden. Ich würde mir für andere Kinder wünschen, dass sie so erzogen werden. Wenn meine Mutter das anderen Eltern vermitteln könnte, wäre ich froh.

? *Wenn Sie einen Wunsch äußern dürften an Ihre Eltern: Welcher wäre das?*

K: Ich würde ihnen mal ein bisschen mehr Zeit für sich wünschen. Vor allem für meine Mutter.. Und ich würde mir wünschen, dass wir als Familie so zusammen bleiben, wie wir es momentan sind. In dieser Familie fühle ich mich so wohl, dass ich mir das auch für die Zukunft wünsche.

Sarah Käßmann, **1982 in Marburg. Studiert Politikwissenschaften in Frankreich. Sie ist die älteste Tochter der hannoverschen Landesbischöfin Margot Käßmann und hat noch drei Schwestern: Die Zwillinge Hanna und Lea und das Nesthäkchen Esther.*

Historische Pfarrerskinder

Benn, Gottfried; Dichter und praktischer Arzt
Brion, Friederike; Goethes Geliebte
Brückner, Christine; Schriftstellerin
Claudius, Matthias; Journalist und Dichter
Dürrenmatt, Friedrich; Schriftsteller
Ensslin, Gudrun; RAF-Terroristin
Fröbel, Friedrich Wilhelm August; Erfinder des Kindergartens
Gellert, Christian Fürchtegott; Dichter und Gelehrter der Aufklärung
Gottsched; Johann Christoph; Schriftsteller und Theaterreformator
Grimm, Friedrich Melchior; Journalist
Hesse, Hermann; Schriftsteller
Hohl, Arnold Ludwig; Schriftsteller
Hornemann, Friedrich Conrad; Afrikaforscher
Jung, Carl Gustav; Psychoanalytiker
Kämpfer, Engelbert; Asienforscher
Klepper, Jochen; geistlicher Liederdichter
Lessing, Gotthold Ephraim; Aufklärer, Journalist und Dichter
Lichtenberg, Georg Christoph; Naturgelehrter und Schriftsteller
Nietzsche, Friedrich; Philosoph
Paul, Jean; satirischer Prosaschriftsteller
Poelchau, Harald; Widerstandskämpfer
Schinkel, Karl Friedrich; Architekt
Schleiermacher, Friedrich; Theologe und Philosoph
Schweitzer, Albert; Friedensnobelpreisträger
Van Gogh; Vincent; Maler
Wegener, Alfred Lothar; Grönlandforscher
Wessel, Horst; SA-Sturmführer und Nationalsozialist
Wieland, Christoph Maria; Schriftsteller

Gottfried Benn

Dichter und praktischer Arzt

** 02.05.1886, Mansfeld*
† 07.07.1956, Berlin

»In Sellin in der Neumark; dort wuchs ich auf. Ein Dorf mit 700 Einwohnern in der norddeutschen Ebene, großes Pfarrhaus, großer Garten, drei Stunden östlich der Oder.« Acht Kinder, Gottfried ist der zweite. Diese Herkunft prägt Benns Werk, das sich immer wieder kritisch mit den von Kind auf vertrauten religiösen Bildern und Werten auseinandersetzt. Auf Wunsch des Vaters studiert Gottfried Philosophie und Theologie. Er weiß aber von Anfang an, dass das nichts für ihn ist: Arzt möchte er werden und er setzt sich durch. Beim Militär beginnt seine Karriere, dann geht er an ein ziviles Krankenhaus nach Berlin. Aus dieser Zeit stammen seine ersten Gedichte (»Morgue«), die seinen Ruf als expressionistischer Dichter begründen (»Kleine Aster«, 1912). Den ersten Weltkrieg erlebt Benn im besetzten Brüssel. Dann kehrt er nach Berlin zurück und gründet eine Praxis für Haut- und Geschlechtskrankheiten.

In den Rundfunkvorträgen »Der neue Staat und die Intellektuellen« und »Antwort an die literarischen Emigranten« verteidigt er den Nationalsozialismus, von dem er eine Wiedergeburt der deutschen Nation erhofft. In seiner Lyrik feiert er Friedrich Nietzsche und fordert zu männlich-heroischer Größe auf. Doch er wird enttäuscht: »Wie groß fing das an, wie dreckig sieht es heute aus« schreibt er 1934 an Ina Seidel (die übrigens auch aus einer Pfarrersdynastie stammt). Die Reichsregierung verbietet Benn, seine Werke zu veröffentlichen. Für sein Lebenswerk erhält Gottfried Benn 1951 den Georg-Büchner-Preis. Vor dem Sterben hat der schwerkranke Arzt und Dichter keine Angst. Zwei Wochen vor seinem Tod am 7. Juli 1956 schrieb er an einen Freund: »Jene Stunde wird keine Schrecken haben, seien Sie beruhigt, wir werden nicht fallen, wir werden steigen – Ihr B.«

Friederike Brion

Goethes Geliebte

** 19.04.1752, Niederrödern (Elsass)*
† 03.04.1813, Meissenheim bei Lahr

Ein Strahl der Dichtersonne fiel auf sie,
so reich, dass er Unsterblichkeit ihr lieh.
(Grabspruch für Friederike Brion)

Friederike Brion wird im April 1752 im Elsaß geboren und wächst in einer großen Familie auf. Im Oktober 1770 besucht der 21-jährige Jurastudent Johann Wolfgang Goethe das gastfreundliche Haus der Pfarrersfamilie Brion in Sesenheim im Elsaß. Von der 18-jährigen Friederike ist er entzückt: »Schlank und leicht... schritt sie, und beinahe schien für die gewaltigen blonden Zöpfe des niedlichen Köpfchens der Hals zu zart. Aus heiteren blauen Augen blickte sie sehr deutlich umher, und das artige Stumpfnäschen forschte so frei in die Luft, als wenn es in der Welt keine Sorgen geben könnte.« Friederike Brion gibt Goethes stürmischem Werben nach – wie weit, darüber streiten die Biographen bis heute – und verliebt sich unsterblich. Doch der Angebetete verlässt Straßburg nach bestandenem Doktorexamen, ohne sich persönlich von Friederike zu verabschieden. Er zieht die Schriftform vor. Damit bricht er ihr das Herz. »Die Antwort Friederikens auf einen schriftlichen Abschied zerriss mir das Herz,« berichtet Goethe gut vierzig Jahre später in »Dichtung und Wahrheit«. »Ich fühlte nun erst den Verlust, den sie erlitt und sah keine Möglichkeit ihn zu ersetzen, ja nur ihn zu lindern. ...ich hatte das schönste Herz in seinem Tiefsten verwundet, und so war die Epoche einer düsteren Reue, bei dem Mangel einer gewohnten erquicklichen Liebe, höchst peinlich, ja unerträglich.« Gegen die Erinnerung an Goethe hat kein anderer Mann eine Chance bei Friederike Brion. Sie bleibt bis zum Tod ihres Vaters 1785 in ihrem Elternhaus. Danach zieht sie zu ihrem Bruder, der ebenfalls Pfarrer geworden war. Friederike Brion stirbt unverheiratet im Alter von einundsechzig Jahren. Den Rummel um Sesenheim und um ihre Person, der nach der Veröffentlichung von »Dichtung und Wahrheit« im Jahre 1814 losbrach, hat sie nicht mehr erlebt.

Christine Brückner

Schriftstellerin

** 10.12.1921, Schmillinghausen (Hessen)*
† 21.12.1996, Kassel

Christine Brückner ist fünfzehn Jahre alt, als der Zweite Weltkrieg ausbricht. Noch kurz vor Kriegsende wird sie »zum Einsatz für das Vaterland« abkommandiert. Nach dem Ende des Krieges beginnt die junge Frau sofort zu studieren. Im berüchtigten Hungerjahr 1946/47 leitet sie die Mensa in Marburg: »Unser Nahziel waren Kartoffelpuffer mit Apfelmus«, kommentiert sie später. Sie zieht häufig um und füllte ihr Leben mit Eindrücken, die sie in Romanen und Essays verarbeitet. Mit Erfolg: Schon für ihr Debüt, den Roman »Ehe die Spuren verwehen«, erhält Christine Brückner eine Auszeichnung. Christine Brückner lässt sich in Kassel nieder. Zusammen mit ihrem Mann, dem Schriftsteller, Lektor, Dramaturgen und

Maler Otto-Heinrich Kühner gründet sie 1984 die Stiftung Brückner-Kühner, die jährlich einen Preis für grotesken Humor und komische Literatur vergibt. Neben Romanen und Erzählungen schreibt die »Utopistin«(wie sie sich selbst nennt) viele erfolgreiche Kinder- und Jugendbücher. Kennzeichen von Brückners Romanen ist die menschlich-einfühlsame Perspektive. Ihre Figuren sind lebensnah, zum Teil autobiographisch geprägt, manche auch fiktiv. Vom Elternhaus geprägt ist die Grundthematik ihrer Erzählungen und Romane: Auch hier wurde ein traditionsgebundenes moralisches Wertesystem und der christliche Glaube gelebt. »Jauche und Levkojen« und »Wenn Du geredet hättest, Desdemona. Ungehaltene Reden ungehaltener Frauen«, sind zwei ihrer bekanntesten Werke. Ihre Bücher erreichen in Deutschland eine Gesamtauflage von mehreren Millionen Exemplaren und wurden in siebzehn Sprachen übersetzt.

Matthias Claudius
Journalist und Dichter

** 15.08.1740, Reinfeld (Holstein)*
† 21.01.1815, Wandsbeck (Hamburg)

Viele Generationen von Kindern hat sein aufgehender Mond schon in den Schlaf begleitet und den Dichter Matthias Claudius damit unsterblich gemacht. Aber der Pfarrerssohn aus dem holsteinischen Reinfeld hat seinen zumeist bescheidenen Lebensunterhalt nicht als Dichter sondern als Journalist verdient.

Nach abgebrochenen Jura- und Theologiestudium versucht sich Matthias Claudius als Journalist und wird 1771 schließlich Redakteur beim »Wandsbecker Boten«. Er verhilft dem Provinzblatt zu großer Popularität weit über die Grenzen Hamburgs hinaus: Der »Wandsbecker Bote« wird zu einer der bekanntesten Zeitungen des 18. Jahrhunderts, die nicht nur im Bildungsbürgertum, sondern auch in der Arbeiterschaft begeisterte Leser findet.

Schreiben ist für den Journalisten Claudius Aufklärung: »Man muss den Menschen nur vernünftig ansprechen, und man wird sich wundern, wie er's begreift«. Entsprechend dieser Devise ist sein journalistischer Stil volkstümlich, schlicht und einfach verständlich. Matthias Claudius gelingt es, für den »Wandsbecker Boten« fast alle namhaften Schriftsteller und Gelehrten seiner Zeit zu gewinnen – von Goethe über Lessing bis hin zu Klopstock und Herder. Trotzdem wird das Blatt schließlich wegen ausbleibender Gewinne 1775 bereits nach vier Jahren eingestellt.

Mit seiner jungen Frau Rebekka bekommt Claudius fünf Söhne und sechs Töchter. Erst als der dänische Kronprinz ihn von 1785 an finanziell unterstützt, verbessert sich die wirtschaftliche Situation der Familie. Claudius schreibt weiter, veröffentlicht neben volksliedhafter Lyrik auch journalistische Beiträge. Im Jahre 1813 treiben die napoleonische Besetzungspolitik und die Befreiungskriege Claudius und seine Familie in die Emigration nach Holstein, Kiel und Lübeck. Mit vierundsiebzig Jahren siedelt Claudius schließlich wieder nach Wandsbeck über, wo er am 21. Januar 1815 stirbt.

Friedrich Dürrenmatt

Schriftsteller

** 05.01.1921, Konolfingen (Kanton Bern)*
† 14.12.1990, Neuchâtel

Als Pfarrerssohn hat Friedrich in der bäuerlichen Jugend seines Heimatdorfes einen schweren Stand: Er wird zum Einzelgänger, streunt durch die Landschaft und liest viel. Friedrichs Großvater ist ein konservativer Nationalrat, der mit satirischen Gedichten Bürokratismus und ähnliche Mißstände anprangert. Diese Gedichten bringen den kritischen Großvater ins Gefängnis: eine »Ehre«, um die ihn sein Enkel Friedrich zeit seines Lebens beneiden wird: Denn er erhält für seine eigenen gesellschaftskritischen Werke statt Gefängnisstrafen offizielle Ehrungen und Ehrentitel: Zum Beispiel 1959 den Mannheimer Schillerpreis, 1960 den Großen Preis der Schweizerischen Schillerstiftung und 1977 die Buber-Rosenzweig-Medaille in Frankfurt. Dazu kommen Ehrendoktorwürden verschiedener Universitäten und später der Österreichische Staatspreis für Europäische Literatur, der Georg-Büchner-Preis und der Prix Alexei Tolstoi.

Trotz seiner Erziehung in einem Pfarrhaus hat Friedrich Dürrenmatt zu Gott und Glauben ein eher distanziertes Verhältnis. Ursprünglich will er Maler werden. In der Schule faszinieren ihn besonders die Naturwissenschaften. Ein Wissensgebiet, zu dem Dürrenmatt auch später noch eine sehr enge Beziehung hat. Es ist der Stoff zu einem seiner größten Werke: Die Physiker (1962). Mit dem Philosophie-Studium läßt sich Dürrenmatt Zeit und er beendet es ohne Examen. Stattdessen schreibt er Detektivromane, Erzählungen und Theaterstücke. 1947 heiratet er die Schauspielerin Lotti Geissler. Die ersten Jahre sind finanziell schwierig für die bald fünfköpfige Familie. Die Lage bessert sich erst, als Dürrenmatt Hörspiele für Rundfunkanstalten verfaßt. Von da an ist der Erfolg auf seiner Seite: In den sechziger Jahren ist Dürrenmatt mit seinen Theaterstücken auf dem Höhepunkt seiner Karriere. Dürrenmatt bezieht als gesellschaftskritischer Autor in Essays, Vorträgen und Festreden eindeutig Stellung zur internationalen Politik. Er reist viel, zum Beispiel 1969 nach USA, 1974 nach Israel und 1990 nach Polen und Auschwitz. Dabei entstehen die »Sätze aus Amerika« (1970) und der Pressetext »Ich stelle mich hinter Israel« (1973). 1990 hält er zwei Reden auf Vaclav Havel und Michail Gorbatschow, die unter dem Titel »Kants Hoffnung« erscheinen. Im Jahr 1983 stirbt Ehefrau Lotti. Hochbetagt heiratet Dürrenmatt daraufhin die Schauspielerin, Filmemacherin und Journalistin Charlotte Kerr. Am 14. Dezember 1990 stirbt Dürrenmatt in Neuchâtel.

Gudrun Ensslin

Terroristin

* *15.08.1940, Bartholomä (Baden-Württemberg)*

† *18.10.1977, Stuttgart-Stammheim*

Stipendiatin der Studienstiftung des deutschen Volkes, vielseitig begabte USA-Austauschschülerin, Pfarrerstochter, geliebte große Schwester, Grundschullehrerin, Mutter und – Brandstifterin, Mörderin, Bombenlegerin, Gründerin der Roten Armee Fraktion (RAF) und meistgesuchte Terroristin Deutschlands: Gudrun Ensslins Leben ist ein einziger Widerspruch. Als bekannt wurde, dass sich die 37-Jährige im Hochsicherheitstrakt des Gefängnisses Stuttgart-Stammheim das Leben genommen hatte, werden viele der ehemaligen Nachbarinnen aus dem Stuttgarter Vorort Bad Cannstatt die Köpfe zusammengesteckt haben: »Was hätt aus dem Mädle alles werre könne!«

Als Benno Ohnesorg im Juni 1967 bei einer Demonstration niedergeschossen wird, ist Gudrun Ensslin siebenundzwanzig Jahre alt und Studentin der Anglistik und Germanistik in Berlin. Vom Sozialistischen Deutschen Studentenbund fordert die schon seit langem politisch aktive Mutter des gerade neugeborenen Sohnes Felix eine gewaltsame Antwort auf die Gewalt des Staates. Doch die schriftlichen Stellungnahmen,

Demonstrationen und Reden reichen ihr nicht: Gudrun Ensslin wird 1968 zur Brandstifterin. Zusammen mit Andreas Baader, ihrer neuen Liebe, legt sie in einem Frankfurter Kaufhaus Sprengsätze – Bomben als Zeichen gegen das amerikanische Bombardement in Vietnam. Der Sachschaden ist hoch. Drei Jahre Haft lautet das Urteil für die Täter. Gudrun Ensslin geht in den Untergrund, sagt der Bundesrepublik den bewaffneten Kampf an. Sie wird zur erklärten Staatsfeindin und verübt Anschläge, überfallt Banken, verantwortet Bombenattentate und wird letztlich verhaftet. Nach einer misslungenen Passagier-Flugzeugentführung in Mogadischu, durch die inhaftierte Mitglieder der RAF freigepresst werden sollten, erhängt sich Gudrun Ensslin am 18. Oktober 1977 in ihrer Zelle im Hochsicherheitstrakt von Stuttgart-Stammheim. Auch die Mitinhaftierten Andreas Baader und Jan Carl Raspe nehmen sich in dieser Nacht das Leben.

Friedrich Wilhelm August Fröbel

Pädagoge

** 21.04.1782, Oberweißbach*
† 21.06.1852, Marienthal

Es gibt nur wenige deutsche Begriffe, die man in der ganzen Welt versteht. Das Wort »Kindergarten« gehört dazu: Man kennt es in 22 Sprachen. Der Erfinder des Kindergartens ist Friedrich August Fröbel, ein Pädagoge, der die bis dahin übliche Kleinkinderziehung auf den Kopf stellte: Seine Zeitgenossen glaubten, dass Kinder einfach formbare und mehr oder weniger willenlose Geschöpfe seien. Das stimmt nicht, stellt Fröbel durch jahrelange Beobachtungen und Studien – unter anderem bei seinem Kollegen Pestalozzi in der Schweiz – fest.

Er glaubt: Jedes Kind trägt bereits von Geburt an alles in sich, was es zur Entfaltung und zum Erwachsenwerden braucht. Mit Sand, Klötzen und anderen Materialien lernt jedes Kind, die Welt zu begreifen. Die Erzieher müssen die Kinder mit viel Einfühlungsvermögen unterstützen und das »Tätigsein« anregen, ohne sich aufzudrängen. Soweit die Überzeugung von Fröbel. Doch die meisten seiner Zeitgenossen halten das für eine absurde Idee. Aber nach und nach schließen sich weitere Pädagogen dieser revolutionären Sichtweise an.

Ein Ausgangspunkt dieser neuen »Menschenerziehung« ist Fröbels tiefe Frömmigkeit. Er selbst erklärt es so: »Ich will Menschen bilden, die mit ihren Füßen in Gottes Erde stehen, deren Haupt bis in den Himmel ragt,...; deren Herz beides – ...Gottes Erde und Gottes Himmel – eint.« Als Zeitgenosse Schleiermachers gehört Friedrich August Fröbel zu den Menschen, die die Strömungen in Wissenschaft und Forschung, in der Philosophie und Theologie aufmerksam verfolgen und ihre Schlüsse daraus ziehen. Aber auch Fröbels eigene unglückliche Kindheit hat Spuren hinterlassen: Sie machen ihn sensibel für das, was in Kindern vorgeht und was sie brauchen. Friedrich August ist noch kein Jahr alt, als seine Mutter stirbt. Der Vater bleibt allein mit sechs Kindern und hält seinen jüngsten Sohn für »verstockt und bös«. Die neue Stiefmutter ist ebenfalls überfordert und so bleibt Friedrich August sich selbst überlassen. Einsam wie er ist, findet er nur in der Natur Trost. Die unerfüllte Sehnsucht nach der Mutter wird sein ganzes Leben prägen. Wie der Vater und der Onkel sollte Friedrich August auch Pfarrer werden – doch der junge Mann wehrt sich dagegen und entdeckt nach einigen Umwegen die Pädagogik für sich. Fröbel und seine Frau bekommen keine eigenen Kinder. Stattdessen kümmern sie sich von 1816 an um die Kinder seines früh verstorbenen Bruders Christoph. Fröbel richtet in Keilhau eine »Allgemeine Deutsche Erziehungsanstalt« für Kinder und Jugendliche bis zum 17. Lebensjahr ein. Mehr als zwanzig Jahre später, 1840, gründet Fröbel die ersten Kindergärten. Den herrschenden Preußen geht dieses Konzept aber gegen den Strich: Wegen angeblicher »atheistischer« und »sozialistischer Tendenzen« wird der Kindergarten kurzerhand verboten! Fröbel hat keine Chance. Erst neun Jahre nach seinem Tod wird das Verbot aufgehoben – Fröbels Pädagogik und die Kindergärten treten ihren weltweiten Siegeszug an.

Christian Fürchtegott Gellert

Dichter und Gelehrter der Aufklärung

** 04.07.1715, Hainichen (Erzgebirge)*
† 13.12.1769, Leipzig

Christian Fürchtegott Gellerts Vater ist in Hainichen im Erzgebirge ein angesehener, aber mittelloser Pfarrer, der sein Kind nach orthodox-religiösen Prinzipien erzieht. Gellert besucht die Fürstenschule in Meißen und studiert Theologie in Leipzig. Doch es gibt ein wichtiges Hindernis für ihn Pfarrer zu werden: Er ist zu schüchtern! Stattdessen wird er Erzieher. Von 1744 an arbeitet er als Dozent in Leipzig. Dort schreibt er Fabeln, daneben bürgerliche Lustspiele, in denen er aufgeklärte Vernunft mit gefühlsbetonter biblischer Frömmigkeit verbindet.

Von 1751 an lehrt Gellert als außerordentlicher Professor Dichtkunst, Beredsamkeit und Moral. Besonders seine Vorlesungen über die Moral sind sehr beliebt. Auch als Schriftsteller ist Gellert bereits zu Lebzeiten sehr beliebt, vor allem wegen seiner Fabeln und geistlichen Lieder. Seine *Fabeln und Erzählungen* gehören zu den meistgelesenen Büchern der Aufklärung. 1757 erscheinen seine »Geistlichen Oden und Lieder«. Bis heute werden seine Lieder gesungen: Im Evangelische Gesangbuch gibt es sechs Lieder mit seinen Texten, darunter das Passionslied »Herr, stärke mich, dein Leiden zu bedenken« (EG 91) und das Osterlied »Jesus lebt, mit ihm auch ich« (EG 115).

Johann Christoph Gottsched

Schriftsteller und Theaterreformator

** 02.02.1700, Juditten (heute Königsberg)*
† 12.12.1766, Leipzig

Bereits mit vierzehn Jahren immatrikuliert sich der hochbegabte protestantische Pfarrerssohn als Theologiestudent an der Universität von Königsberg. Sein Vater hatte ihn schon früh zum Gedichte schreiben ermuntert und deshalb hört er parallel zu seinem Hauptstudium auch Vorlesungen über die Dichtkunst. Im Januar 1724 wollen die Preußen den jungen Mann mit dem Gardemaß für die Armee verpflichten. Doch Gottsched flüchtet nach Leipzig. Mit seiner Ankunft in der sächsischen Universitätsstadt (1724) beginnt für ihn eine steile Karriere als Gelehrter und Schriftsteller: Gottsched wird schon bald als »Literaturpapst« verehrt.

Großes Aufsehen erregt der junge Gelehrte mit seiner Theaterreform: Er verbindet sich 1727 mit der Wandertruppe der Schauspielerin Friederike Caroline Neuber, um auch auf der Bühne »dem guten Geschmack« zum Sieg zu verhelfen: Dafür entwickelt er neue Leitlinien für dramatische Theaterstücke: Der Harlekin verschwindet (die Komödie soll generell nur noch dem einfachen Volk vorbehalten bleiben) und die bis dahin häufig übliche Improvisation weicht dem vorgegebenen Text. Zwischen dramatischer Dichtung und dem Theater entsteht damit wieder eine klare Verbindung. Für die zum untersten Pöbel gerechneten fahrenden Komödianten bedeutet die Gottsched-Neubersche Theaterreform in sozialer wie in künstlerischer Hinsicht eine außerordentliche Aufwertung. Sein *Versuch einer kritischen Dichtkunst für die Deutschen*, die 1730 erscheint, ist die Grundlage dieser Theaterreform. 1741 trennen sich Gottsched und die Neuberin in heftigem Streit. Gottsched veröffentlicht seine Prinzipien zur dramatischen Dichtung und zum Theater in der sechs Bände umfassenden »Deutschen Schaubühne« (1741-1745), die er selbst als »Krönung seines Lebenswerkes« bezeichnet. Im Kollegenkreis gerät Gottsched aber immer mehr in die Kritik: Seiner strikten Ansicht, dass sowohl in der Kunst als auch in Natur und Gesellschaft alles nach festen Regeln abliefe, wollen sich viele Zeitgenossen nicht anschließen.

Dennoch: Die deutsche Theaterlandschaft und die Kunst der Rhetorik verdanken dem umstrittenen Dichter und Theaterreformator Johann Christoph Gottsched ihre bis heute gültigen Grundlagen.

Friedrich Melchior Grimm
Journalist

** 26.12.1723, Regensburg*
† 19.12.1807, Gotha

»Halb Europa wird einmal eine Kolonie Amerikas sein.« Dieses Zitat ist mehr als zweihundert Jahre alt und stammt aus einer der wichtigsten Zeitschriften der damaligen Zeit: der »Correspondance littéraire, philosophique et critique«. Ihr Gründer: Friedrich Melchior Grimm. Bereits während seiner Gymnasialzeit sucht Grimm Kontakt zu Johann Christoph Gottsched und sendet ihm erste dramatische Versuche zu. Er zieht nach Leipzig, um Philosophie, Jura und Literatur zu studieren – in die Nähe seines geistigen Ziehvaters Gottsched. Nach dem Examen erhält Grimm in Paris eine Anstellung als Vorleser beim Herzog von Sachsen-Gotha. Dann wird er Kabinettssekretär des Herzogs von Orléans. Damit steht ihm der Weg in eine diplomatische Laufbahn offen. Paris wird zu seinem Lebensmittelpunkt. Hier gründet er 1753 die »Correspondance littéraire, philosophique et critique«. Sie wird von Hand geschrieben, vervielfältigt und dann verteilt. Ihre Leserschaft ist klein, aber zu den Abonnenten zählen neben den meisten deutschen Fürsten auch Katharina II. von Russland und Gustav III. von Schweden. Erst vom Jahre 1816 an erscheint die »Correspondance« in gedruckter Form. Baron Grimm bewegt sich bei Hofe so selbstverständlich wie in den Zirkeln der philosophischen Avantgarde. Sein Hang zum »gehobenen Klatsch« ist allgemein bekannt. Das erklärt die Vielfalt der Themen seiner Zeitschrift, die sie für ihre Leser besonders interessant macht. In ihr mischen sich Politik und Privates. Goethe schätzt das »Bulletin literarischen und weltgefälligen Inhalts«, das auf die öffentliche Meinung des 18. Jahrhunderts großen Einfluss hat. Von der französischen Revolution vertrieben, kommt Grimm nach Deutschland zurück. 1795 ernennt ihn Katharina die Große zum Staatsrat. Als er durch eine Krankheit fast erblindet, muss sich Grimm in Gotha zur Ruhe setzen.

Hermann Hesse
Dichter und Nobelpreisträger

** 02.07.1877, Calw*
† 09.08.1962, Montagnola (Schweiz)

Mit fünfzehn Jahren bekommt Hermann Hesse, Sohn eines deutsch-baltischen Missionspredigers und einer Missionarstochter aus dem württembergischen Calw die Chance seines Lebens: ein Stipendium für das berühmte evangelisch-theologische Seminar der Klosterschule Maulbronn! Die streng pietistischen Eltern sehen die Pastoren-Karriere ihres Musterkindes bereits genau vor sich… Doch der zart besaitete Hermann versagt: Er hält es in Maulbronn vor Heimweh keine zwei Monate aus. Nach einem Nervenzusammenbruch und einem Selbstmordversuch liefern die enttäuschten und hilflosen Eltern ihren Sohn in eine »Anstalt für Schwachsinnige und Epileptische« ein: Ein schwerer Fehler, den Hermann Hesse seinen Eltern nie verzeihen wird. Drei verschiedene Heilanstalten lernt der psychisch labile junge Mann in den folgenden Jahren kennen. Mit achtzehn Jahren hat er wieder festeren Boden unter den Füßen: Hermann Hesse macht ein Praktikum als Turmuhrmechaniker, entscheidet sich aber doch für eine Buchhändlerlehre in Tübingen. Dort beginnt er zu schreiben. Sein erster Roman »Peter Camenzind« erscheint 1904 und wird ein überraschender Erfolg: Hermann Hesse gibt seine Anstellung in der Buchhandlung auf. Er heiratet die Fotografin Maria Bernoulli und läßt sich als freier Schriftsteller mit ihr auf einem ehemaligen Bauernhof in Gaienhofen am Bodensee nieder. Hier beginnt die enge Freundschaft mit dem Verleger Carl Suhrkamp. Drei Söhne werden in Gaienhofen geboren, bevor die Familie 1911 nach Bern übersiedelt.

1916: Drei Schicksalsschläge stürzen den erfolgreichen Schriftsteller und glücklichen Familienvater wieder in eine tiefe psychische Krise: Seine Frau leidet an Schizophrenie, der jüngste Sohn wird schwer krank und der Vater stirbt plötzlich. Hermann Hesse überwindet diesen Tiefpunkt in seinem Leben erst durch die professionelle Hilfe eines Psychoanalytikers – einen Schüler C.G. Jungs. Hesse zieht nach Montagnola ins Tessin, wo er mehr als vierzig Jahre leben wird. »Siddhartha« entsteht. Für Hunderttausende von jungen Menschen wird dieser Roman in den sechziger Jahren zum »Credo« der Selbstverwirklichung und inneren Befreiung. Nach der Scheidung von seiner mittlerweile in einer Heilanstalt lebenden Frau Maria heiratet er 1924 Ruth Wenger. Doch diese Ehe hält nur fünf Jahre. Aus dieser Zeit stammen »Der Steppenwolf« und »Narziß und Goldmund«. 1931 wagt Hermann Hesse eine dritten Versuch: Er heiratet die Kunsthistorikerin Ninon Dolbin – und mit ihr wird er alt. 1943 erscheint »Das Glasperlenspiel«, drei Jahre darauf erhält Hermann Hesse den Nobelpreis für Literatur. Hochbetagt stirbt der weltberühmte Schriftsteller und Dichter am 9. August 1962 in Montagnola.

Einige Werke von Hermann Hesse:
Peter Camenzind (1904)
Unterm Rad (1906)
Gertrud (1910)
Knulp (1916)
Demian (1919)
Siddhartha (1922)
Der Steppenwolf (1927)
Narziss und Goldmund (1929/30)
Die Morgenlandfahrt (1932)
Das Glasperlenspiel (1943)

Arnold Ludwig Hohl

Schriftsteller

** 09.04.1904, Netstal*
† 03.11.1980, Genf

Ludwig Hohls Kindheit ist, nach seinen eigenen Worten, scheußlich. Einzige Ausnahme bildet die innige Beziehung zur seiner Großmutter. In der Mittelschule gründet Hohl einen Philosophenclub und wird prompt wegen »aufwieglerischer Aktivitäten« ausgeschlossen. Daraufhin sorgt der junge Mann allein für seine Allgemein- und Weiterbildung. Die Zeit zwischen dem zwanzigsten und dreißigsten Lebensjahr verbringt Hohl in Frankreich, Holland und Österreich und schlägt sich dort als Schriftsteller mehr schlecht als recht durch. Seine letzte Station auf dieser Reise durch Europa ist Genf. Dieser Stadt bleibt er bis zu seinem Tod im Jahre 1980 treu. Neun Werke sind von Ludwig Hohl veröffentlicht, vier davon erscheinen erst nach seinem Tod. Bis in die Siebziger gilt er als Sonderling. Erst dann wird sein Werk ernst genommen. Hohl erhält einige Preise. Sein ernstes, sehr eigenwilliges Wesen wird in seinen Schriften deutlich: In ihnen vermischen sich Betrachtungen, Beschreibungen und Träume. Sie lassen sich nur schwer in die gängigen literarischen Bewegungen einordnen. Hohl war fünf (!) Mal verheiratet und hat eine Tochter. Über sein Verhältnis zu Eltern und Schwester ist wenig bekannt. Sicher ist nur, dass er auf ihre finanzielle Hilfe angewiesen war.

Friedrich Conrad Hornemann
Afrikaforscher

** 15.09.1772, Hildesheim*
† vermutlich im Februar 1801, Boknane (Nigeria)

Friedrich Conrad Hornemann plagt schon in der Kindheit das Fernweh: Das Morgenland ist das Ziel seiner Träume. Kein Wunder: Sein Vater, Pfarrer in Hildesheim, stirbt früh. Deshalb kommt der 16-jährige Friedrich Konrad zu seinem verarmten Onkel, der mit seiner großen Familie auf engstem Raum zusammen lebt. Spätestens von diesem Zeitpunkt an zieht es den jungen Mann in die weite Welt. Doch bevor er aufbrechen kann, absolviert er erst einmal ein Theologiestudium und tritt als Hauslehrer in die Dienste reicher Hannoveraner Herrschaften. Gut vorbereitet und bezahlt von der African Association macht sich Friedrich Konrad Hornemann schließlich mit vierundzwanzig Jahren auf den Weg in die Ferne: In Kairo schließt er sich einer Karawane an, die quer durch die libysche Wüste zieht. Dort nimmt ihn General Napoléon Bonaparte persönlich unter seine Fittiche: Er sorgt dafür, dass es dem jungen Forscher an nichts mangelt. Die African Association, in deren Auftrag Hornemann unterwegs ist, versorgt der Reisende zwei Jahre lang regelmäßig mit ausführlichen Berichten über seine Expeditionen und Erfahrungen: Auf dieser Grundlage kann die Karte Nordafrikas neu geschrieben werden. Doch plötzlich reißt der Briefkontakt ab. In Nigeria verliert sich die Spur. Der Forscher ist nie aus Afrika zurückgekehrt.

Carl Gustav Jung

Psychoanalytiker

** 16.07.1875, Kesswyl (Schweiz)*
† 06.06.1961, Küssnacht bei Zürich

Carl Gustav Jung ist der Mystiker unter den Vätern der Psychoanalyse: Während Freud vieles vom Sexualtrieb ableitet und Adler den Machttrieb in den Vordergrund stellt, sieht der in humanistisch protestantischer Tradition aufgewachsene Pfarrerssohn C.G. Jung das Individuum in Verbundenheit mit den »Ahnen«. Er selbst lebt in dem Bewusstsein, in eine Familie geboren worden zu sein, die sich aufs Visionäre versteht: Der eine Großvater war Geistlicher und hatte angeblich mit »Geistern« Kontakt. Der andere war Freimaurer und fühlte sich eingeweiht in esoterische Praktiken. Schon als Kind stellte Jung seinem Vater unbequeme Fragen und war allem Dogmatischen gegenüber skeptisch. Der Mediziner und Forscher C.G. Jung enträtselt die Symbolsprache der Seele, wie sie sich in Träumen, Geschichten oder Kunstwerken äußert. Er prägt den Begriff des »Archetypus«: Bilder und Symbole, die für alle Menschen eine ähnliche Bedeutung haben – egal aus welcher Tradition oder Gesellschaftsform sie stammen. Auch die Begriffe »intro-« und »extravertierter Charakter« stammen aus seiner Feder. Ausgedehnte Forschungsreisen führen den Professor für analytische Psychologie nach Nordamerika und nach Afrika. In seinen letzten Lebensjahren beschäftigt sich Jung vor allem damit, das *kollektive Unbewusste* zu erforschen. Auch die Bedeutung der Religion für die Psyche beherrscht seine Arbeit bis zu seinem Tod.

Engelbert Kämpfer
Asienreisender

** 16.09.1651, Lemgo*
† 02.11.1716, Detmold

Als Engelbert Kämpfer geboren wird, ist seine Heimat durch den Dreißigjährigen Krieg völlig zerstört. Den heranwachsenden Pastorensohn hält nichts in den Trümmern seiner Geburtsstadt Lemgo. Er möchte Philosophie studieren, außerdem Sprachen und Medizin. Dafür zieht er nach Krakau, dann nach Königsberg und schließlich ins schwedische Uppsala. Dort gibt ihm der schwedische König den Auftrag, Handelsbeziehungen mit Russland und Persien zu knüpfen. In dieser Mission reist Kämpfer nach Bagdad. Als Oberchirurg der Ostindienkompanie führt ihn sein Weg weiter durch das Persische Reich. 1694 kehrt Kämpfer schließlich in seinen Geburtsort Lemgo zurück, wird Leibarzt des Grafen zur Lippe in Detmold und unterhält eine eigene Praxis. Seine kurze Ehe mit der 16-jährigen Maria Sophia Wilstach scheitert. Einsam stirbt Kämpfer, ohne dass er seine Werke noch selbst hatte veröffentlichen können. Es ist einem englischen Arzt zu verdanken, dass Kämpfers Manuskripte doch noch verlegt werden. Zehn Jahre nach dem Tod des Asienforschers erscheint in London »The History of Japan«: die Grundlage aller darauf folgenden Japan-Expeditionen.

Jochen Klepper
Schriftsteller, geistlicher Liederdichter

** 22.03.1903, Beuthen*
† 11.12.1942, Berlin

> *»Ohne Gott bin ich ein Fisch am Strand,*
> *ohne Gott ein Tropfen in der Glut,*
> *ohne Gott bin ich ein Gras im Sand*
> *und ein Vogel, dessen Schwinge ruht.*
> *Wenn mich Gott bei meinem Namen ruft,*
> *bin ich Wasser, Feuer, Erde, Luft.«*

Mit Kirchenliedern wie diesem wurde der Pfarrerssohn Jochen Klepper zum bedeutendsten geistlichen Liederdichter unseres Jahrhunderts. Der Theologe und Journalist Jochen Klepper heiratet gegen den Rat seiner Familie 1931 die elf Jahre ältere Jüdin Hanni Stein. Zwei kleine Töchter bringt die Witwe mit in die Ehe. Wegen dieser Hochzeit kommt es zum Bruch mit dem Elternhaus und mit seiner Heimat. Klepper zieht nach Berlin. Doch nicht nur das: Die Ehe bedeutet in dieser Zeit auch den Bruch mit der Gesellschaft: Die Rassegesetze der Nazis machen es dem Schriftsteller und Rundfunkjournalisten unmöglich, sich zu äußern und seiner Arbeit nachzugehen. Der Druck auf die Familie nimmt zu. Der älteren Stieftochter Brigitte gelingt es, nach Schweden zu emigrieren. Aber für Jochen Klepper, seine Frau und seine jüngere Stieftochter ist es zu spät. Als im Dezember 1942 die Deportation unmittelbar bevorsteht, wählt Klepper mit seiner Familie den Freitod.

Neben seinem erzählerischen Hauptwerk, dem historischen Roman »Der Vater«, sind vor allem seine Tagebuchaufzeichnungen der Jahre 1932-1942 von großer Bedeutung:

Darin schildert der gläubige Christ, der bis zu seinem Tod fest der preußisch-protestantischen Tradition verpflichtet war, minutiös den aussichtslosen Kampf um die Existenz seiner Familie gegen die Nazis. Und er beschreibt darin seine Versuche, sich trotz allem anzupassen, zu arrangieren, nur um einen Bruch mit der eigenen Tradition zu vermeiden.

Gotthold Ephraim Lessing

Aufklärer, Journalist und Dichter

** 22.01.1729, Kamenz (Sachsen)*
† 15.02.1781, Braunschweig

Gotthold Ephraim Lessing, ältester Sohn einer armen Pfarrersfamilie in der Kleinstadt Kamenz in der sächsischen Lausitz, ist der bedeutendste Autor der deutschen Aufklärung. Lessing ist der Autor von Tragödien, Komödien, Fabeln und Gedichten. Er ist Kritiker und Literaturtheoretiker, Philologe und Literaturhistoriker für die Antike und das Mittelalter. Er war Kunstgeschichtler und Kirchenhistoriker, theologischer und philosophischer Denker.

Lessing beschäftigt sich bereits als Fünfzehnjähriger mit den Werken von Plautus, Homer und Thephrast. Er studiert in Leipzig Theologie und Philosophie und beschließt dann, freier Schriftsteller zu werden. In Berlin schreibt Lessing für die »Berlinische Privilegierten Zeitung« (der späteren »Vossischen Zeitung«) viel beachtete Theater- und Literaturkritiken. Am Hofe Friedrichs des Großen lernt Lessing Voltaire kennen und knüpft Kontakte zu Klopstock. Mit dem Philosophen Moses Mendelssohn und dem Kritiker Christoph Friedrich Nicolai gründet Lessing die Zeitschrift *Briefe, die neueste Litteratur betreffend* (1759-1765). Den rastlosen Dichter hält es nur einige Jahre in Berlin: Er zieht um nach Hamburg, wo er als Dramaturg arbeitet. Der nächste Wohnsitz ist Wolfenbüttel. Dort übernimmt Lessing das Amt des Bibliothekars an der Herzog-August-Bibliothek. Bis zu seinem Tod wird er hier bleiben.

Beruflich hat er zwar großen Erfolg, doch privat muss er mit einer Tragödie leben: 1777 verliert Lessing seinen einzigen Sohn sofort nach der Geburt. Seine Frau Eva stirbt nur kurze Zeit später.

Das literarische Werk Lessings reicht von den Fabeln über das Charakterlustspiel *Minna von Barnhelm* (1767) und die Tragödie um Ehre und Moral *Emilia Galotti* (1772) bis zum Stück »*Nathan der Weise*« (1779). Mit Lessings großen Dramen beginnt das neuere deutsche Drama. Noch heute sind sie viel gespielte Stücke. Lessing hat nicht nur in seinen theologischen Schriften den Kampf gegen die protestantische Orthodoxie geführt (*Anti-Goeze*, 1778). In dem theologisch-philosophischen Werk *Die Erziehung des Menschengeschlechts* (vollständig 1780) setzt sich Lessing mit dem Konflikt zwischen Kirchendogma und religiösem Gefühl auseinander. Er verarbeitet die Thematik auch in seinen dramatischen Werken: Mit seinem Stück »Nathan der Weise« (1779), das bis heute als Paradestück aufklärerischer Literatur gilt, bezieht Lessing klar Stellung für Toleranz und Humanismus: Charakterstärke und Edelmut entspringen nicht zwingend der Zugehörigkeit zu einer bestimmten Religion.

Georg Christoph Lichtenberg
Naturgelehrter und Schriftsteller

** 01.07.1742, Ober-Ramstadt*
† 24.02.1799, Göttingen

»Es gibt wirklich sehr viele Menschen, die bloß lesen, damit sie nicht denken dürfen«, sagt Lichtenberg, der große Göttinger: Aufklärer, Schriftsteller, Spötter, Professor für Experimentalphysik. Wer seinen Namen hört, denkt automatisch an seine geistesblitzartigen Aphorismen, die noch heute jedes Kind in der Schule lernt.

Georg Christoph Lichtenberg wächst in einem äußerst lebhaften Pfarrhaus auf: Er ist das jüngste von siebzehn Kindern. Der Vater stirbt zwei Wochen nach Georg Christophs neuntem Geburtstag. Ein Stipendium ermöglicht es dem jungen Mann, Mathematik und Physik in Göttingen zu studieren. Als Professor an der Philosophischen Fakultät in Göttingen unterrichtet Lichtenberg einige Jahre später selbst Mathematik, Astronomie und Experimentalphysik. Nicht nur die Naturwissenschaften haben es dem Universalgelehrten angetan: Als Herausgeber des »Göttingischen Taschen Calenders« und des »Göttingische Magazin der Wissenschaften und Litteratur« macht sich Lichtenberg in ganz Deutschland einen Namen. Jede Art von Aberglauben und Bigotterie lehnt der überzeugte Aufklärer strikt ab und er versäumt keine Gelegenheit, sich zu seinem Standpunkt zu bekennen. In sogenannten »Sudelbüchern« hält Lichtenberg Tagebucheintragungen, Aphorismen, Gedankenblitze und wissenschaftliche Einfälle fest. Sie sind bis heute fester Bestandteil jeder Zitatensammlung. Auszüge aus den »Sudelbüchern« erscheinen erstmals in Lichtenbergs »Vermischten Schriften«. Lichtenberg – das frühere Nesthäkchen mit 16 Geschwistern – wird selbst Vater einer großen Kinderschar: Acht Söhne und Töchter bekommt er mit seiner siebzehn Jahre jüngeren Frau Margarethe Kellner.

Friedrich Nietzsche

Philosoph

** 15.10.1844, Röcken bei Leipzig*
† 25.08.1900, Weimar

»Der Philosoph versucht den Gesamtklang der Welt in sich nachtönen zu lassen.«

Friedrich Nietzsche ist gerade fünf Jahre alt, als sein Vater an den Folgen eines Unfalls stirbt. Von da an wächst der Junge mit seinen beiden jüngeren Geschwistern in einem von Frauen dominierten Haus auf. Seine Schwester Elisabeth wird ihn sogar bis zu seinem Tod begleiten und seinen Haushalt führen. Denn der Philosoph Friedrich Nietzsche bleibt unverheiratet – seine wenigen Versuche, eine Frau zu finden, bleiben erfolglos. Schon als Kind ist Friedrich Nietzsche ein Einzelgänger. Seine schönsten Stunden verbringt er beim Großvater: entweder in dessen Bibliothek oder beim Spazierengehen in den Wäldern und Wiesen rund um das großväterliche Haus. Von Kindesbeinen an wird Nietzsche von unerträglichen Kopfschmerzen und Augenentzündungen geplagt. Sie treiben ihn an den Rand des Wahnsinns.

Wie so viele Pastorensöhne beginnt auch der junge Nietzsche Theologie zu studieren. Schnell ist aber klar, dass das nicht seine Welt ist. Nietzsche entdeckt Schopenhauers Schrift »Die Welt als Wille und Vorstellung«: Daraufhin wechselt Nietzsche das Fach und widmet sich voll und ganz der Philologie und klassischen Philosophie. Zehn Jahre lehrt Friedrich Nietzsche in Basel klassische Philologie, bis er dieses Amt wegen seiner Krankheit niederlegt. Mittlerweile treten die migräneartigen Anfälle zurück, euphorische Phasen mit höchster Produktivität wechseln mit Phasen der Leere und Depression ab. In diese Zeit fällt die unglückliche Liebe zu einer jungen Frau: Lou Salomé, die Nietzsche im Hause Richard Wagners kennenlernt und die er schließlich an einen seiner – bis dahin – besten Freunde verliert.

In den produktiven Phasen schreibt Nietzsche unermüdlich: 1877 entsteht der größte Teil des Aphorismenwerks »Menschliches, Allzumenschliches, Ein Buch für freie Geister«. Darin nimmt er die Mittelmäßigkeit und Bigotterie seiner konservativ-protestantischen Mitmenschen aufs Korn. 1881 erscheint die »Morgenröte«, 1882 »Die fröhliche Wissenschaft«, dann »Zarathustra«, ein Plädoyer für die Bejahung des Lebens. Der endgültige Zusammenbruch kommt im Januar 1889 in Turin. Der Arzt in der Baseler Nervenklinik diagnostiziert: »Paralysa progressiva«.

Der europaweit anerkannte und das Jahrhundert prägende Philosoph Friedrich Nietzsche wird zum Pflegefall: 1890 erhält seine Mutter die Erlaubnis, den Sohn bei sich aufzunehmen und zu pflegen. Bis zu ihrem Tod 1897 lebt Nietzsche bei ihr, anschließend nimmt ihn seine Schwester zu sich nach Weimar – bis Nietzsche am 25. August 1900 dort stirbt.

Jean Paul

satirischer Prosaschriftsteller

** 21.03.1763, Wunsiedel*
† 14.11.1825, Bayreuth

Johann Paul Friedrich Richter – wie Jean Paul eigentlich heißt – wächst in ärmlichen Verhältnissen auf. Er ist Sohn eines Lehrers und Organisten, der Theologie studiert hat. Dennoch erinnert sich Jean Paul auch noch im hohen Alter gerne an seine unbeschwerte Kindheit im Pfarrhaus zurück. Mit neunzehn Jahren beginnt er, Theologie und Philosophie in Leipzig zu studieren. Nebenbei versucht er sich als »witziger« Schriftsteller. Nach dem Tod des Vaters bricht Jean Paul sein Studium ab, um seine Mutter zu unterstützen, die mit seinen Geschwistern in tiefer Armut lebt. Jean Paul schlägt sich als Haus- und Privatlehrer durch. Seine Erfahrungen aus dieser Zeit verarbeitet er in dem satirischen Werk *Das Leben des vergnügten Schulmeisterlein Maria Wutz*. Jean Paul gründet eine Elementarschule in Schwarzenbach und arbeitet hier als Lehrer, bis er mit seinen Büchern genug Geld verdient, um sich und seine Familie davon zu ernähren. Seine Satiren wie *Siebenkäs* und *Das Leben des Quindus Fixlein*, finden eine begeisterte Leserschaft. Ein angenehmer Nebeneffekt: Der inzwischen berühmte Dichter – nicht gutaussehend aber dafür umso charmanter – wird vor allem von der betagten und begüterten Damenwelt umschwärmt. Charlotte von Kalb überzeugt ihn schließlich, nach Weimar zu kommen, wo er Goethe und Schiller kennen lernt und mit Herder Freundschaft schließt. In den nächsten Jahren zieht es den Satiriker zuerst nach Leipzig und dann nach Berlin. Dort heiratet er – mit 38 Jahren erst! – die Tochter eines Tribunalrats, Caroline Meyer. Jean Paul und seine Frau verlassen Berlin, wechseln mehrfach den Wohnsitz und lassen sich schließlich in Bayreuth nieder, wo Jean Paul am 14. November 1825 stirbt.

Harald Poelchau

Gefängnispfarrer und Widerstandskämpfer

** 05.10.1903, Potsdam*
† 29.04.1972, Berlin

Im Dritten Reich ist der Gefängnispfarrer Harald Poelchau einer der wenigen Widerstandskämpfer, die nie entdeckt werden. Für unzählige Menschen innerhalb und außerhalb der Gefängnismauern ist er in dieser Zeit der »rettende Engel«.

Harald Poelchau wächst in einem konservativen Pastorenhaushalt in der schlesischen Provinz auf. Bis in die Zeiten der Reformation lässt sich der Stammbaum der Pastoren-Dynastie Poelchau zurückverfolgen. Auch Harald studiert Theologie, aber er wendet sich – sehr zum Missfallen des Vaters – dem Sozialismus zu. Er freundet sich mit Dietrich Bonhoeffer, Helmuth James von Moltke und Peter York von Wartenburg an.

1932 entscheidet sich der gerade 29-jährige Theologe für den Dienst als Gefängnisseelsorger in Tegel. Rückblickend beschreibt er die Situation so: »1933 zeigte sich, dass man nur noch an einer Stelle in Freiheit arbeiten konnte: In der Kirche, die sich nicht gleichschalten ließ, und dass man nur an einer Stelle sicher war: im Gefängnis.« Hitler ergreift die Macht und die Zellen sind plötzlich voll von politischen Häftlingen. Ein Todesurteil nach dem anderen wird ausgesprochen und oft innerhalb weniger Tage vollstreckt. Poelchau, ein erbitterter Gegner der Todessstrafe, muss mehr als tausend Verurteilte zum Schafott begleiten. Darunter viele Weggenossen und enge Freunde. Trotzdem weiß er, dass er hier seine Berufung gefunden hat. Aber es ist nicht allein der geistliche Beistand, den Harald Poelchau leistet: Wenn er mit dicken, ausgestopften Anzugtaschen zum seelsorgerischen Gespräch in die Zellen kommt, wissen die Gefangenen, dass darin ein Brief, ein Stück

Brot oder etwas Obst wartet. Umgekehrt schmuggelt Poelchau Briefe und politische Tagebücher der Gefangenen nach draußen. Die Gefängnisbriefe Dietrich Bonhoeffers oder Helmuth James von Moltkes wären ohne ihn für die Nachwelt verloren.

1942 schließt sich Harald Poelchau dem »Kreisauer Kreis« an: Mit seinen Mitstreitern schmiedet er Pläne für eine gerechtere Welt nach Hitler. Als Stauffenbergs Attentat auf Hitler misslingt, geraten fast alle Mitglieder des Kreisauer Kreises in das Netz der Gestapo. Die meisten von ihnen werden zum Tode verurteilt. Es grenzt an ein Wunder, dass Harald Poelchau nicht dazu gehört! Auch in der Nachkriegszeit arbeitet er weiter als Gefängnispfarrer. 1951 wird Harald Poelchau zum Sozialpfarrer der evangelischen Kirche in Berlin-Brandenburg berufen. Er ist Gründer der »Aktion Sühnezeichen« und erhält kurz vor seinem Tod vom israelischen Volk die Auszeichnung »Gerechter unter den Völkern«. Am 29. April 1972 stirbt Harald Poelchau 68-jährig in Berlin.

Karl Friedrich Schinkel

Architekt

** 13.03.1781, Neuruppin*
† 09.10.1841, Berlin

»In der Architektur muss alles wahr sein, jedes Maskieren, Verstecken der Konstruktion ist ein Fehler. Die eigentliche Aufgabe ist hier, jeden Teil der Konstruktion in seinem Charakter schön auszubilden.« Zweck und Dekoration zusammenzubringen ohne dabei das Gleichgewicht zu stören, das war das Ziel des Baumeisters Friedrich Schinkel. Wie kein anderer Architekt prägte er das Bild des »klassischen« Berlins: Sein Zwillingsdom am Gendarmenmarkt in Berlin gehört bis heute zum Pflichtprogramm jedes Architekturstudenten. Schinkels klassizistische Bauten erinnern an griechische Tempel und an die frühe Gotik. Die Ornamente sind auf ein Minimum reduziert, so dass wenig von dem eigentlichen Zweck des Gebäudes ablenkt.

Friedrich Schinkel ist gerade sechs Jahre alt, als seine Heimatstadt Neu Ruppin von einem verheerenden Brand verwüstet wird. Sein Vater, der Superintendent der Neu Ruppiner Hauptkirche, rettet die Familie aus den Flammen und bezahlt diesen Einsatz mit dem Leben. Besorgt um die Ausbildung ihrer Kinder zieht die Mutter acht Jahre später mit den beiden Söhnen nach Berlin. Der Gymnasiast Friedrich Schinkel weiß ganz genau, was er will: Die Baukunst hat ihn fasziniert und er beginnt an der neu eröffneten Bauakademie Architektur zu studieren. Sein Lehrmeister wird David Friedrich Gilly. Dessen Sohn Friedrich wird Schinkels bester Freund – doch nur für zwei kurze Jahre: Friedrich Gilly stirbt plötzlich und dieser erneute Verlust eines geliebten Menschen trifft den vaterlosen Pastorensohn tief.

Wie es sich für einen Mann seiner Zunft gehört, reist auch Schinkel nach Italien. Als er zurückkommt, hat er den Kopf voller neuer Eindrücke und arbeitet unermüdlich – nicht nur als Architekt, sondern auch als Maler, Grafiker, Bühnenbildner und Leiter der staatlich-preußischen Denkmalpflege. Er trifft Goethe, Humboldt und geht in vielen Fürstenhäusern Europas ein und aus. 1816 beginnt Schinkels große Zeit als Baumeister. Innerhalb von nur vierzehn Jahren entstehen in Berlin seine Hauptwerke: Neue Wache (1817-18), Schauspielhaus (1819-21) und das alte Museum (1824-28). Sein Ruf eilt dem berühmten und verehrten Architekten voran und Schinkel reist in den letzten zehn Jahren seine Lebens quer durch ganz Deutschland, aber auch in die Schweiz und nach Holland. Obwohl er krank und erschöpft ist, widmet er sich bis zu seinem Tod ganz und gar seiner Leidenschaft, der Baukunst.

Friedrich Schleiermacher
evangelischer Theologe und Philosoph

** 21.11.1768, Breslau*
† 12.02.1834, Berlin

Der evangelische Theologe, Pädagoge und Philosoph Friedrich Daniel Ernst Schleiermacher gilt als Wegbereiter einer neuen Sichtweise in der evangelischen Theologie: Erstmals definiert er das »Wesen der Religion« über die subjektive Wahrnehmung – als eine Verbindung von »Anschauung und Gefühl«. Damit geht er über die Prinzipien der Aufklärung und die Vernunft geprägten Ansätze der bis dahin geltenden theologischen Lehre der reformierten Kirche weit hinaus.

Schleiermacher wächst in Breslau, Pleß und Anholt auf. Er verbringt seine Kindheit und Jugend unter der strengen Obhut der Bruderunität der Herrenhuter. Dem jungen Mann passt es gar nicht, sich auf die unreflektierte Lektüre lateinischer und griechischer Texte zu beschränken. Es fehlt ihm die Möglichkeit, Neues kennen zu lernen, eigene Ansichten zur gewinnen. Darum entscheidet er sich, in Halle Theologie zu studieren. Mit achtundzwanzig Jahren geht Schleiermacher nach Berlin, um als Prediger an der Charité zu arbeiten. Hier knüpft er erste Beziehungen zum romantischen Kreis um die Brüder Schlegel und Henriette Herz, die seine philosophischen Anschauungen und theologischen Ansätze stark beeinflussen. Die Parallelen von Philosophie und Theologie faszinieren ihn: Er entwickelt daraus schließlich eigene Ansätze einer subjektiv-emotional geprägten Religionslehre, die er in seinem Werk »Grundlinien einer Kritik der bisherigen Sittenlehre« erstmals beschreibt. Als Professor wird er sie einige Jahre später weiterentwickeln und in die Praxis umsetzen.

Schleiermacher wird Pfarrer der Berliner Dreifaltigkeitskirche. Das ist der Beginn einer steilen Karriere: Erster Dekan an der Theologischen Fakultät der neu gegründeten Universität; Sekretär der Berliner Akademie der Wissenschaften. Kurze Zeit später folgt das Rektorat der Universität. 1821 erscheint die erste Auflage seines Werks »Der christliche Glaube«, zehn Jahre später die zweite. Friedrich Schleiermacher ist noch voller Tatendrang, als er an einer Lungenentzündung erkrankt und stirbt.

Albert Schweitzer

Missionsarzt, Philosoph, Theologe, Musiker und Friedensnobelpreisträger

** 14.01.1875, Kayersberg (Elsass)*
† 14.09.1965, Lambarene

Albert Schweitzer hat viele Begabungen: Er hätte als Philosoph Karriere machen können oder als Theologe, als Musiker oder auch als Musikwissenschaftler. Aber Schweitzer will kein Genie werden, sondern Menschen helfen. 1896 fällt der damals einundzwanzigjährige Pfarrerssohn eine folgenschwere Entscheidung: »Damals, ..., beschloss ich, bis zum dreißigsten Jahre dem Predigeramt, der Wissenschaft und der Musik zu leben. Dann, wenn ich in Wissenschaft und Kunst geleistet hätte, was ich darin vorhatte, wollte ich einen Weg des unmittelbaren Dienens als Mensch betreten. Welches dieser Weg sein sollte, gedachte ich in der Zwischenzeit aus den Umständen zu erfahren.« 1913 erwirbt der Theologieprofessor seinen dritten Doktortitel: den der Medizin. Als Arzt reist er noch im gleichen Jahr zusammen mit seiner Frau, der Krankenschwester Helene Breslau in den Kongo. Hier baut er in Lambarene – mitten im Urwald – eine Klinik auf. Später wird daraus eine große Leprastation. »Die Ehrfurcht vor dem

Leben« treibt ihn an: Schweitzer veröffentlicht Bücher über seine Ethik. Er bereist Europa und Amerika, um mit Orgelkonzerten Geld für seine Station zu verdienen. Nach dem Zweiten Weltkrieg engagiert er sich zusammen mit Albert Einstein gegen die atomare Bewaffnung. Die USA erklären ihn dafür zur unerwünschten Person. 1952 erhält er den Friedensnobelpreis. 1957 stirbt Helene Breslau bei einer Europareise in Zürich. In all dem Trubel um seine Person und seine Mission, bleibt die kleine Urwaldsiedlung nahe des Ogowe-Flusses Schweitzers Lebensmittelpunkt: Hier heilt, baut, organisiert er, spielt abends Klavier, schreibt bis in die Nacht. Der 90-jährige arbeitet noch bis eine Woche vor seinem Tod am 4. September 1965.

Vincent van Gogh

Maler

** 30.03.1853, Groot-Zundert (Holland)*
† 27.07.1890, Auvers-sur-Oise

Ein einziges Bild hat er bis zu seinem Tod verkauft – der Maler, dessen Werke heute unbezahlbar sind und ganze Museen füllen: Vincent van Gogh. Obwohl er kein deutscher Pfarrerssohn ist, lohnt ein ausführlicher Blick auf seine dramatische Biografie: Er ist der älteste von sechs Pastorenkindern und schon als Jugendlicher zerrissen zwischen zwei Lebensmöglichkeiten: Pfarrer werden wie der Vater oder im Kunsthandel viel Geld verdienen, wie es die Verwandtschaft seiner Mutter seit Generationen tut. Vincent probiert den finanziell vielversprechenderen Weg und macht eine Ausbildung zum Kunsthändler. Doch nach einigen Jahren – Paris und London gehören zu seinen Stationen – wird klar, dass der junge Mann

»zu viel diskutiert und zu wenig verkauft«: Vincent wird nahe gelegt, sich nach einem anderen Broterwerb umzuschauen. Dem jüngeren Bruder Theo dagegen liegt der Kunsthandel mehr und er tritt erfolgreich in die Fußstapfen seiner Onkels. Und das ist ein Glück für Vincent, denn er wird Zeit seines Lebens vom Geld des jüngeren Bruders Theo leben. Die beiden verbindet eine innige Beziehung weit über die finanzielle Unterstützung hinaus – sie ist eindrucksvoll dokumentiert in mehr als 600 Briefen, die Vincent bis zu seinem Tod an Theo schreibt.

Vincent zieht nach London und entdeckt nun doch in sich die Neigung zum Prediger: Tag und Nacht widmet er sich dem Bibelstudium und wird tatsächlich Hilfsprediger bei einem Methodistenpfarrer. Mit fünfundzwanzig Jahren bekommt Vincent sogar eine eigene Predigerstelle in einem heruntergekommenen Bergwerksbezirk in Belgien zugewiesen. Das Elend dort schockiert den labilen Vincent so sehr, dass er seine eigene Kleidung verschenkt und selbst kaum noch etwas isst. »Zuviel der Nächstenliebe«, findet sein Vorgesetzter: Ein derart ärmlich wirkender Prediger sei nicht tragbar. Vincent wird entlassen und stürzt abgrundtief in eine psychische Krise. Mit Theos Hilfe findet er wieder zu sich und zur Kunst. Von nun an ist die Malerei Vincents Berufung und Leidenschaft. In Paris kommt er in Kontakt mit den Impressionisten um Gauguin. Er ist beeindruckt von den leuchtenden Farben ihrer Bilder. Doch Van Goghs psychische Probleme machen ihm das Leben immer schwerer: Im Alkoholrausch provoziert Vincent Schlägereien und legt sich sogar mit Theo an. Auf der Suche nach Sonne, dem Licht und den leuchtenden Farben der Natur zieht Vincent van Gogh nach Arles in das »Gelbe Haus«, wo er eine Künstlerkolonie gründen will. Tatsächlich entscheidet sich auch Gauguin zum Umzug in den Süden. Doch Vincents Gefühlsausbrüche führen zu häufigen Auseinandersetzungen und eskalieren, bis es zum dramatischen Höhepunkt kommt: Van Gogh bedroht seinen Mitbewohner mit einem Rasiermesser. Daraufhin packt Gauguin seine Koffer und Van Gogh schneidet sich in seiner Verzweiflung das rechte Ohr ab. Zwei Wochen verbringt er danach in einer Heilanstalt, wird dann als geheilt entlassen. Doch von diesem Moment an geht es mit Van Goghs psychischer Verfassung noch weiter bergab. Überarbeitung und immer wiederkehrende epileptische Anfälle machen ihm Angst und er geht freiwillig in die Heilanstalt zurück. In diesem geschützten Umfeld ist er so produktiv wie nie zuvor: er malt mehr als 160 Bilder. Eins davon, der »Weinberg in Arles« ist das einzige Bild, das zu Van Goghs Lebzeiten verkauft wird.

Doch dann folgt der endgültige Zusammenbruch: Als Vincent erfährt, dass sein Bruder Theo Geldsorgen hat und dessen Sohn schwer erkrankt ist, versucht er sich zu erschießen: An den Folgen dieser Schußwunde stirbt Vincent zwei Tage später, am 27. Juli 1890, in den Armen seines Bruders Theo.

Alfred Lothar Wegener

Grönlandforscher

** 01.11.1880, Berlin*
† November 1930, Grönland

Inzwischen weiß jedes Kind: Die Kontinente der Erde waren einst ein einziger Erdteil. Sie passen zueinander wie die Teile eines riesigen Puzzles. Es ist noch nicht lange her, da war diese Theorie äußerst umstritten. Alfred Wegener, das jüngste von fünf Kindern aus einem Berliner Pastorenhaushalt, beschließt, der Sache auf den Grund zu gehen. Also wendet sich der junge Mann von der Familientradition ab und studiert nicht Theologie – wie es sein Vater gern gesehen hätte – sondern Geowissenschaften, Geophysik und Meteorologie. Wegener vermutet, dass es vor mehreren hundert Millionen Jahren einen einzigen großen Urkontinent gab, der in einem riesigen Ozean schwamm. Gleiche Gesteinsformationen in beiden Kontinenten und Ähnlichkeiten in der Pflanzen- und Tierwelt waren für Alfred Wegener weitere Indizien für seine Theorie. Das war 1911: Damals reichten die technischen Mittel noch nicht aus, um die Ursachen für die Bewegungen der Kontinente zu ermitteln oder die Bewegung zu messen. So bleibt Wegeners Theorie lange umstritten. Erst nach dem Zweiten Weltkrieg kann sie durch neue Erkenntnisse in der Meeresforschung weiterentwickelt werden. Der Geowissenschaftler war davon begeistert, den Geheimnissen der Natur durch eigene Beobachtungen und Messungen auf die Spur zu kommen. Die Polarforschung ist das Gebiet, für das er sich am meisten interessiert. Insgesamt viermal bricht er ins grönländische Inlandeis auf. Berühmt geworden sind besonders seine anschaulichen Reiseschilderungen, die auch außerhalb der Fachwelt großes Interesse gefunden haben. Von seiner letzten Expedition ins Polareis im Jahre 1930 kehrt er nicht zurück. Kaum ein deutscher Geowissenschaftler hat die Forschung auch international so nachhaltig beeinflusst wie Alfred Wegener mit seiner Theorie der Kontinentalverschiebung.

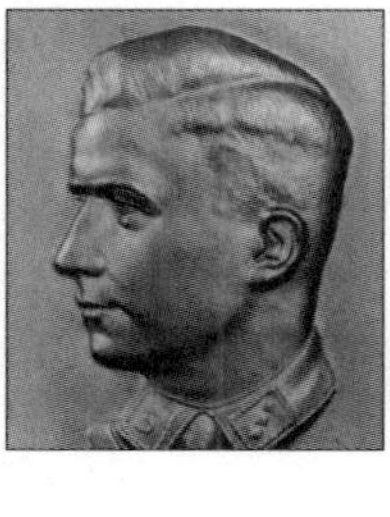

Horst Wessel

SA-Sturmführer und Nationalsozialist

** 09.10.1907, Bielefeld*
† 23.02.1930, Berlin

Am Abend des 14. Januar 1930 wird der 22-jährige Berliner SA-Führer Horst Wessel von kommunistischen Gegnern in seiner Wohnung überfallen und durch einen Pistolenschuss lebensgefährlich verwundet. Er stirbt sechs Wochen später. Mit dem Tod kam der Kult. Der junge Mann avanciert zum Märtyrer der NS-Bewegung, und das von ihm geschaffene Kampflied steigt zur NSDAP-Parteihymne (»Weihelied«) und 1933 zur zweiten deutschen Nationalhymne auf. Joseph Goebbels selbst treibt diesen Kult voran und vereinnahmt die Person und sein Lied im Dienst seiner Agitation.

»Der Apfel fällt nicht weit vom Stamm« das Sprichwort gilt auch bei Horst Wessel: Schon der Vater, Pfarrer Ludwig Wessel, schwärmte vom »heiligen Krieg«. Wiederholt wurde er von der Obersten Heeresleitung zu Vortragsreisen gerufen. Der Pfarrer mit dem rhetorischen Charisma wird durch den Ersten Weltkrieg zum völkischen Agitator. 1922 stirbt Ludwig Wessel überraschend an den Folgen einer Operation im Alter von nur 42 Jahren. Jetzt tritt der Sohn Horst in seine Fußstapfen. Schon bald gilt der verkrachte Jurastudent als herausragendes politisches Talent: Er wird Schulungsleiter, Redner, Jugendleiter. Er führt seine SA-Truppe gern in die roten Hochburgen der umliegenden Arbeiterviertel, die »Brutstätten« der Berliner »Gottlosigkeit«. (Pikant: Wessels Lebensgefährtin, eine Prostituierte, stammte aus eben diesem Milieu). In diesem Zusammenhang entsteht das Kampflied Die *»Fahne hoch«* – eine überlieferte Melodie, die Wessel mit neuem Rhythmus und Text versieht. Wessels Hitler-Gläubigkeit und seine christlich-protestantische Grundprägung geraten während dieser Kampfzeit offenbar niemals in Konflikt, er bezeichnet sich selbst als einen christlicher Nationalsozialist.

Christoph Martin Wieland

Schriftsteller

** 05.09.1733, Oberholzheim*
† 10.01.1813, Weimar

Bereits von seinem dritten Lebensjahr an wird Wieland vom Vater, dem evangelischen Pfarrer Thomas Adam Wieland, unterrichtet. Später übernehmen Privatlehrer diese Aufgabe, so dass der Junge schon im Alter von acht Jahren lateinische Texte lesen kann und auch erste lateinische und deutsche Verse verfasst. Nach dem Studium der Philosophie und einem abgebrochenen Jurastudium widmet sich Wieland dem Schreiben. Die Spannweite seiner Dichtungen reicht von nüchtern-rationalistischen Lehrgedichten bis hin zu empfindsam-schwärmerischer Lyrik.

Wieland heiratet 1765 Anna Dorothea von Hillenbrand und bekommt mit ihr sieben Kinder. Seine Professur für Philosophie in Erfurt gibt der Familienvater zugunsten einer Anstellung als Erzieher der Söhne der Herzogin Anna Amalia von Sachsen-Weimar auf. Dieses Amt sichert ihm einen Titel als Hofrat und damit eine gute Pension. Wieland gründet eine eigene Zeitschrift: Als Verleger, Redakteur und Autor in einer Person gibt er ab 1773 den »Teutschen Merkur« heraus. Diese überregionale Zeitschrift für kulturell interessierte Leser hat von Anfang an viele begeisterte Abonnenten. Das Blatt wird zur begehrten Plattform für Dichter, die auch Friedrich von Schiller gern nutzt. Goethe wird nach Wielands Tod den »Teutschen Merkur« als »Leitfaden unserer Literaturgeschichte« adeln.

Bildnachweis

Margot Käßmann: Jens Schulze; Peter Lohmeyer: Mathias Bothor/photoselection; Johannes Rau: Büro des Bundespräsidenten a.D.; Elisabeth Niejahr: privat; Hans W. Geißendörfer: Helmut Hien; Gabriele Wohmann: Holger-Andre.de; Christian Tetzlaff: Alexandra Vosding; Klaus Harpprecht: Isolde Ohlbaum; Eckhart von Vietinghoff: Ulrich Ahrensmeier; Henning Harnisch: privat; Martin Kohlhaussen: Commerzbank AG; Sarah Käßmann: privat.

Alle anderen Fotos: privat.

Anhang
akg-images Berlin: Gottfried Benn, Foto 1951; Friederike Brion, Zeichnung Tischbein; Christine Brückner, Foto 1992; Matthias Claudius, Gemälde; Friedrich Dürrenmatt, Foto 1986; Friedrich Fröbel, Holzstich nach Strauch; Christian Fürchtegott Gellert, Steinla nach Graff; Johann Christoph Gottsched, Kupferstich; Baron Friedrich Grimm, nach Carmontelle; Hermann Hesse, Foto 1952; Carl Gustav Jung, Foto um 1945; Jochen Klepper, Portrait/Foto 1945; Gotthold Ephraim Lessing, Tischbein d.Ä.; Georg Christoph Lichtenberg, Stahlstich; Friedrich Nietzsche, Holzstich nach Foto; Jean Paul, Portrait/Gemälde um 1870; Karl Friedrich Schinkel, Portrait um 1850/Sichling; Friedrich Schleiermacher, Lehmann nach Krüger; Albert Schweitzer, Foto 1952; Vincent van Gogh, Selbstbildnis mit Strohhut; Alfred Wegener, Foto 1930; Horst Wessel, Horst-Wessel-Plakette; Christoph M. Wieland, Portrait Jäger 1870.

Gudrun Ensslin: Christiane Ennslin; Harald Poelchau, epd-bild, Frankfurt.

Danksagung

Ich danke diesen Menschen für ihre Offenheit, Kreativität und Geduld:

Hans W. Geißendörfer, Katharina Göbel-Groß,
Henning Harnisch, Klaus Harpprecht, Melanie Hempel,
Margot Käßmann, Sarah Käßmann,
Martin Kohlhaussen, Corina Kruse-Roth, Peter Lohmeyer,
Liselotte Lüddecke, Elisabeth Niejahr, Johannes Rau,
Christian Tetzlaff, Eckhart von Vietinghoff,
Gabriele Wohmann